10349690

As a village child in the German Palatinate, Alfred Moritz could never imagine the odyssey that was about to overtake him in the European turmoil of the mid-twentieth Century.

Living through *Kristallnacht*, the mass exodus into France, and the German occupation, he escaped the fate of a million and a half Jewish children who did not survive the Holocaust.

Years later, as a graduate architect, Alfred pursued an international career, overseeing a wide range of worldwide building and infrastructure projects for the leading American engineer-constructor.

In this memoir, he seeks to understand and document the persecution of those whose only crime was to be "different".

Originaire d'un village du Palatinat allemand, Alfred Moritz était loin de se douter de l'odyssée qui allait être la sienne du fait des bouleversements en Europe en ce turbulent 20ème Siècle.

Il eut à être témoin de l'infâme pogrome connu sous le nom de *Kristallnacht*, de l'exode de Juin 40 et de l'occupation allemande en France. Il échappa au sort de quelque million et demi d'enfants israélites qui ne survécurent pas à la Shoah, ou Holocauste.

Des années plus tard, architecte diplômé, Alfred se lance dans la construction de par le monde, en tant que représentant d'une des principales sociétés d'ingénierie, de construction et de gestion de projets.

Au travers des souvenirs recueillis en ce mémoire, il cherche à comprendre et à relater la persécution de ceux, et de celles, dont le seul crime fut d'être différent de la masse.

Als Kind, wohlebehütet aufgewachsen in einem kleinen Dorf in der Pfalz in Deutschland, hätte sich Alfred Moritz niemals vorstellen können, welches bewegte Schicksal ihm dieses turbulente 20. Jahrhundert noch bescheren sollte.

Obwohl er die sogenannte Reichskristallnacht erleben müßte, den Exodus nach Frankreich und auch die deutsche Besetzung dieses Landes, war es ihm gegeben, dem grausamen Schicksal von eineinhalb Millionen israelitischen Kindern zu entkommen, die dem "Holocaust" zum Opfer fielen.

Jahre später machte er in seinem Beruf als Diplomarchitekt Karriere bei der führenden amerikanischen Ingenieur-, Bau- und Projektleitungsfirma.

In diesem Erinnerungsbuch versucht Alfred Moritz die Verfolgung von denen zu verstehen und zu dokumentieren, deren einziges "Verbrechen" es war, anders zu sein als die Mehrheit.

Survival

1933–1944

Alfred Moritz
(alias Mauricet)

Published in the United Kingdom in 2009
for Old Guard Press by
Shearsman Books Ltd
58 Velwell Road
Exeter EX4 4LD

ISBN 978-1-84861-077-4
Second print edition.

Design, paintings and texts (except where otherwise indicated) by Alfred Moritz

Acknowledgements
Survival 1933–1944 was first published privately in an edition of 200 copies,
and subsequently on the internet at http://www.survivalinwwii.com/
This edition incorporates some minor revisions.

Survival
1933–1944

1941 / Hard war winter. Looking for an abode.
Rude hiver de guerre. A la recherche d'un toit.
Kriegswinter. Wir suchen Unterkunft.

Having survived what came to be known as the *Shoah*, I went about living my life and but rarely gave a thought to the events of those traumatic years. In 1994, an "ethnic cleansing" took place in the Balkans; a newspaper published a photograph of a Serb—or was it a Croat, or a Kosovar or an Albanian?—pushing a wheelbarrow with his meager belongings through a snow-covered landscape, with a mangy half-frozen dog in the distance.

I felt a shock.

The scene took me back over half a century, to a time when my parents, looking for an abode, were forced to push my nine-year old brother Ernest through just such a snowy landscape as he was too ill and weak to walk. They resembled this poor man because, just as he, they had committed the unpardonable crime of being different. Now, father of two children, I realized myself what a terrible ordeal these poor people endured.

A picture being worth a thousand words, I sketched the scene from the newspaper; after all these years, my brother vaguely remembered the barrow but had the mangy dog etched clearly in his memory. That very scene triggered many recollections and I proceeded to the various way-stations of our family's calvary in order to record places and events—*Kristallnacht*, the Night of Broken Glass, Dachau, the 1940 Exodus, Les Milles, Theresienstadt, Le Masgelier, the Cévennes Mountain range.

Ainsi que la plupart des survivants de la *Shoah*, j'ai passé les années d'après-guerre à vivre ma vie et n'ai que très rarement pensé aux événements de ces années-là.

En 1994 il y eut une action ethnique aux Balkans; un journal publia la photo d'un serbe—ou était-ce un croate, un kosovar ou un albanais?—poussant une brouette chargée de ses maigres biens dans un paysage enneigé. Un chien squelettique, sans doute affamé, errait à l'arrière-plan.

Ce fut un choc.

Cette scène me ramena plus d'un demi-siècle en arrière lorsque nos parents, à la recherche d'un toit, avaient brouetté Ernest, mon frère cadet, de neuf ans, trop faible pour se déplacer par ses propres moyens.

Tout comme ce pauvre homme à la brouette, ils avaient, eux aussi, commis ce crime impardonnable d'être différents de la majorité.

Maintenant père de deux enfants, j'ai réalisé ce qu'a dû être le calvaire de ces pauvres gens. Une image vaut cent paroles et je fis un croquis de cette scène, me basant sur la photo du journal.

Mon frère dit se rappeler, vaguement, son brouettage mais, très clairement, le chien qui rôdait par là. Cela aviva toutes sortes de souvenirs et je fis une aquarelle de chaque souvenir au fur et à mesure que nous en parlions et, soit avec mon frère soit avec mes enfants, j'allais "croquer" les lieux du pénible itinéraire de notre famille—*Kristallnacht*, Dachau, l'exode de 40, Les Milles, Theresienstadt, Le Masgelier, les monts des Cévennes.

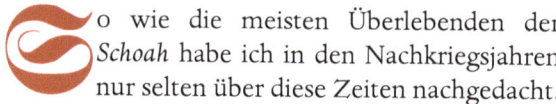

So wie die meisten Überlebenden der *Schoah* habe ich in den Nachkriegsjahren nur selten über diese Zeiten nachgedacht.

In 1994 kam es zu einer sogenannten "ethnischen Säuberung" auf dem Balkan. Eine Zeitschrift enthielt das Bild eines Serben—oder war es ein Kroate, ein Kosovar oder ein Albaner?—der einen Schubkarren mit seinen Habseligkeiten durch den Schnee schob. Ein abgemagerter, hungriger Hund war im Hintergrund zu sehen.

Dieses Bild erschütterte mich.

Diese Szene erinnerte mich an eine Begebenheit, vor 60 Jahren, als meine Eltern meinen 9-jährigen Bruder Ernst auf einem Schubkarren durch die schneebedeckte Landschaft fuhren, da er zu krank war um zu Fuß zu gehen. Genau so wie dieser arme Mann mit dem Schubkarren, auf dem Foto in der Zeitschrift, hatten auch wir das unverzeihliche Verbrechen begangen anders als die Majorität zu sein.

Als Vater verstand ich jetzt, was für einen Leidensweg unsere Eltern damals mitmachen mußten. "Ein Bild sagt mehr als tausend Worte". Ich malte diese Szene aus der Zeitung. Mein Bruder meinte er könne sich irgendwie an den Schubkarren erinnern aber ganz deutlich an den abgemagerten Hund. Allerhand Erinnerungen tauchten wieder auf, und zu jeder malte ich eine Szene, meistens nach der Natur. Mit meinem Bruder und mit meinen Kindern reiste ich zu den Orten unseres schmerzhaften Umherwanderns und malte Dachau, die *Kristallnacht*, den 1940er Feldzug, Les Milles, Theresienstadt, Le Masgelier, das Cévennen-Gebirge.

This state of affairs—of being hunted like an animal—was the culmination of two millennia of blood sport, starting with the Roman subjugation of the proud, stiff-necked, Israelites; through the murderous anti-Judaism of the Holy See; the Holy Church which assumed the trappings of the Roman Empire, and undertook the Holy Crusades; the Holy Inquisition; all ultimately led to the poisonous and murderous diatribes of the Sect founded by the monk Martin Luther in the Lands of the Holy Roman Empire—all self-defined as "holy", but adept at poisoning minds with a hatred which culminated in the murder-industry known as the Third Reich.

What, then, had been the crimes of these fugitives, that they merited such hardships?

Quelles que furent les circonstances, même au cours de ce misérable hiver de guerre, nos parents s'évertuèrent à montrer une certaine équanimité vis à vis de leurs fils, donnant ainsi à ceux-ci l'impression, qu'en dépit des apparences, ils étaient, eux, maîtres de leurs destins. Cette chasse à l'homme—ils en étaient donc la proie—était l'aboutissement de deux mille ans de ce sport de chasse au juif qui commença avec Titus et sa conquête de ces indomptables et fiers Israélites, continua par l'antijudaïsme du Saint-Siège, de la Sainte Église affublée des restes de l'Empire Romain, des Saintes Croisades, de la non-moins Sainte Inquisition, le tout culminant en fin de compte en la haine empoisonnée et empoisonnante du moine maudit, Martin Luther, en ce Saint Empire, la dernière de ces trop nombreuses "saintetés" et qui aboutit en l'organisation industrielle du meurtre, sous le troisième empire allemand, le Troisième Reich.

D'où venaient donc ces misérables et quels avaient été leurs crimes pour qu'on leur fasse une telle chasse à l'homme?

Dieses Vorkommnis—als Beute betrachtet zu werden—ist das lineare Resultat von zwei Jahrtausenden Jagd auf Juden, die mit dem Sieg der Römer in Masada begann, fortgesetzt wurde durch den Judenhaß der Heiligen Kirche, weitergeführt wurde durch den Heiligen Papststuhl, dann durch die Heiligen Kreuzzüge und bis hin zur Heiligen Inquisition, alle zusammen selbsternannte Heiligkeiten, bis hin zu dem verdammten Mönch Martin Luther, der es ganz besonders gut verstanden hat, Judenhaß über die deutsch-evangelische Kirche zu verbreiten, so daß dieser Haß seinen Paroxysmus am Ende fand in einer industriegleichen Menschenschlachterei-Organisation im sogenannten Dritten Reich.

Was muß das Verbrechen dieser Familie gewesen sein, daß sie solche Härte verdiente?

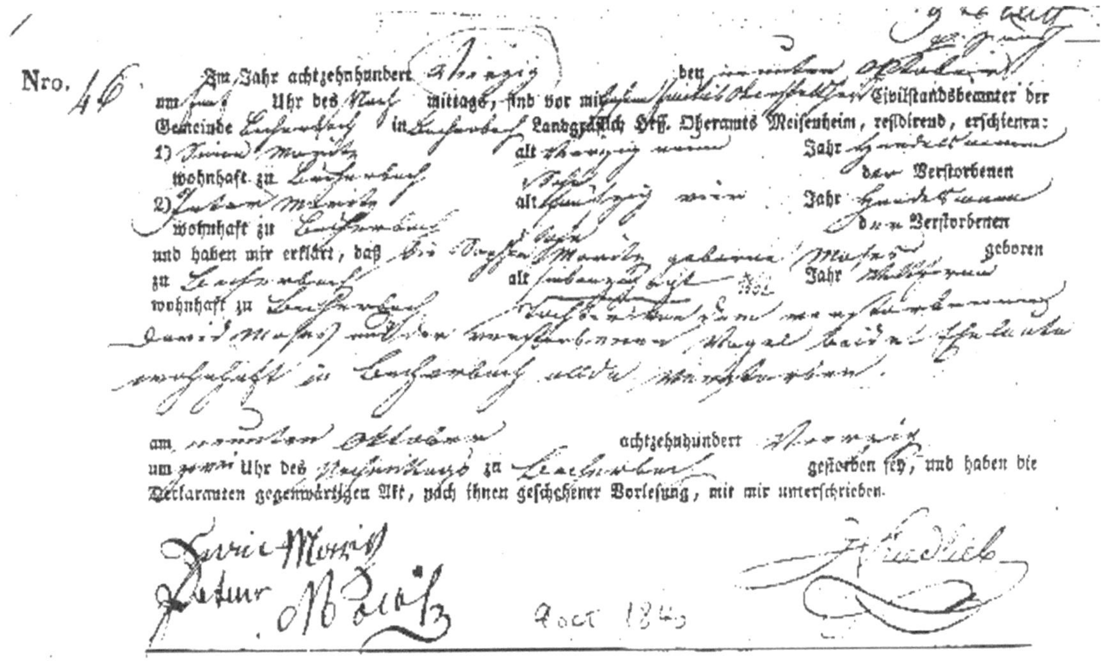

Nro. 46 Im Jahr achtzehnhundert … den … um … Uhr des … mittags, sind vor mir … Civilstandsbeamter der Gemeinde … in … Landgräflich Hess. Oberamts Meisenheim, residirend, erschienen:
1) … alt … Jahr … wohnhaft zu … der Verstorbenen
2) … alt … Jahr … wohnhaft zu … der Verstorbenen
und haben mir erklärt, daß … geboren zu … alt … Jahr … wohnhaft zu …
am … achtzehnhundert … um … Uhr des … zu … gestorben sey, und haben die Declaranten gegenwärtigen Akt, nach ihnen geschehener Vorlesung, mit mir unterschrieben.

Death Certificate / Décés 9.x.1840 Sophie Moritz, née Moses, in Becherbach 1762.

The Beginning

The Palatinate has, since time immemorial, been an area of conflict between France and Germania; warfare in the 1600s depopulated the region; with peace, the area was peopled by new arrivals, including a Jew, Moses. He settled in Becherbach, near Kirn on the Nahe River, half-way between Bingen on the Rhine and the city of Trier, the *Augusta Treverorum* of the Roman Empire.

In this small Badian Margravate (a county on the "marches"—the border) to which Becherbach then belonged, Jews were subjected to settlement quotas and a yearly tax—the *Schutzgeld*—for the privilege of residence and of trading, for a limited renewable period, but non-transferable to offspring, who often had to seek an abode elsewhere.

De tous temps, la France a convoité le pays en deçà du Rhin connu sous le nom allemand de Pfalz ou français de Palatinat. Les guerres continuelles au XVIIe siècle y décimèrent les populations et ce n'est qu'avec la Paix de Ryswick en 1698 que le calme y revint. Les contrées se repeuplèrent; un Juif du nom de Moïse vint se fixer dans le bourg de Becherbach, près Kirn sur la rivière Nahe, à mi-chemin entre Trèves—l'*Augusta Treverorum* romain—et Bingen, sur le Rhin. En cette minuscule Principauté de Hesse-Homburg, le juif était assujetti à des quotas, compris le payement du *Judengeld* annuel, lui octroyant la possibilité de s'établir et de commercer pendant une période renouvelable, mais non-héréditaire.

Seit ewigen Zeiten hat das Reich der Franken die Gegend zwischen Lothringen und dem Rhein, die Pfalz, begehrt. Die verschiedenen Kriege des 17ten Jahrhunderts dezimierten die Bevölkerung dieses Landstrichs. In Friedenszeiten wurde die Gegend wieder besiedelt, und so kam auch ein Jude namens Moses nach Becherbach, einem kleinen Ort, halbwegs zwischen Bingen a/Rhein und Trier, der römischen *Augusta Treverorum*, gelegen.

In der kleinen badischen Markgrafschaft, zu der Becherbach damals gehörte, mußten Juden wegen den "Niederlassungsbeschränkungsgesetzen" das alljährliche Schutzgeld bezahlen, um das Privileg, dort zu weilen und zu handeln, zu erhalten.

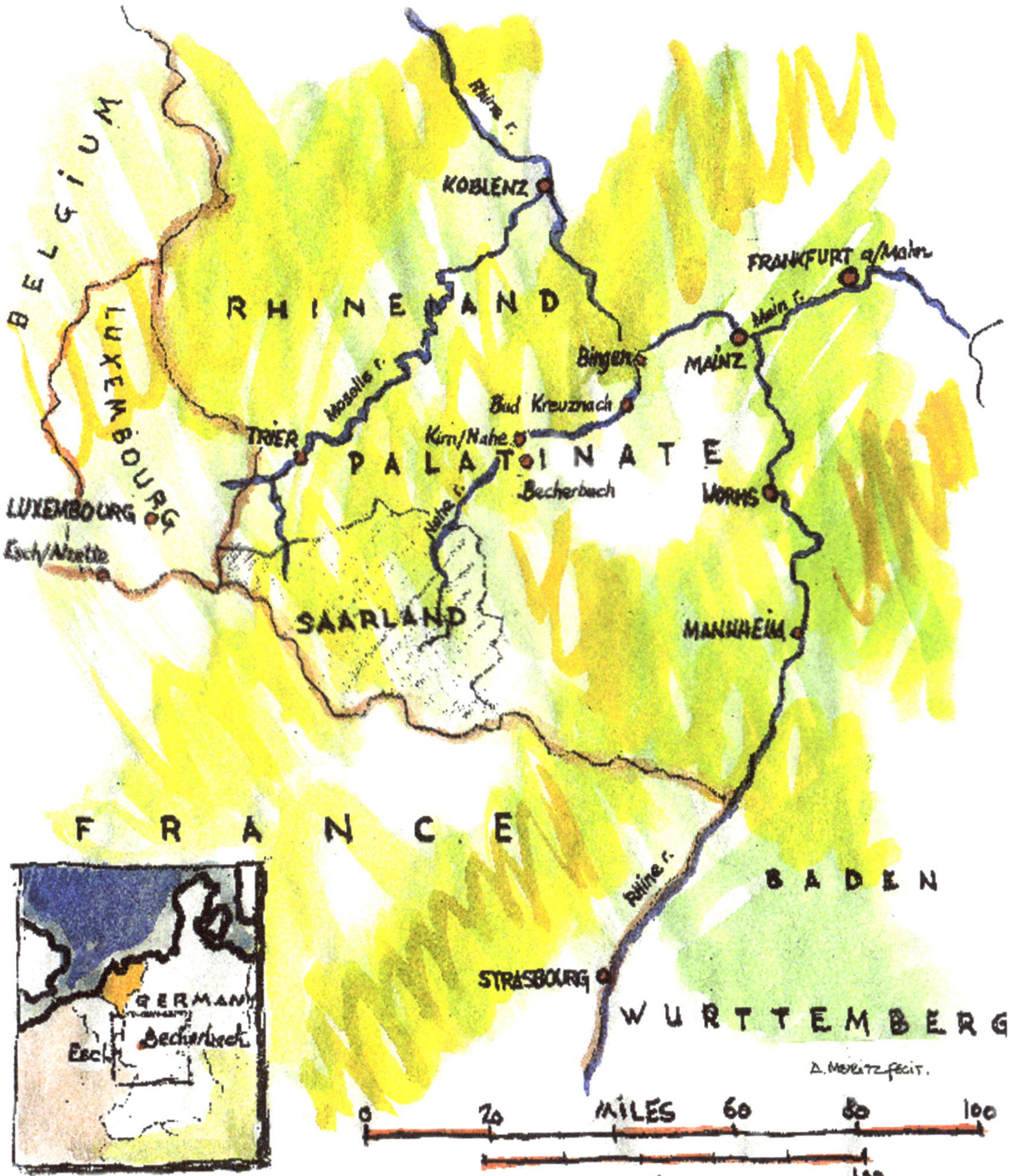

The Palatinate / Le Palatinat / Die Pfalz

Old man Moses had two sons—David bar Moses in 1721 and Salomon bar Moses in 1723. David's firstborn, a daughter known as Sophie David Moses, Sophie Moses David or *die Davidin*—"the David girl"—wed, at 17, Isaak bar Veis (Isaak son of Veis) a widower from nearby Monzingen on the river Nahe. The other son, Salomon bar Moses, or Moses Salomon, adopted the name Salomon as a family name while Isaak's son by his first marriage, Liebmann Isaak, started the Liebmann family. With David Moses' passing in 1802 without male issue, Isaak bar Veis assumed his father-in-law's name of Moses as a mark of respect and in order to assure the old gentleman that a male family member would be called upon in the synagogue to recite the *Kaddish*, the prayer in memory of the deceased.

Probably known as "Eisicks Moyshe", Isaak prospered as a cattle dealer and moneylender. He and Sophie had three sons, Peter in 1789, Simon in 1792 and Michael in 1795.France annexed the Palatinate during the Napoleonic era, with Jews now granted most rights of citizenship, but obligated to adopt a permanent family name which could not, in these parts, be either Hebrew or a place name. Isaak Moses could no longer sign, in Hebrew *Raschi* script, as either "Isaak Moyses" or as "Isaak Becherbach" as heretofore. His real-estate dealings in mortgages for big city investors created a paper trail of signatures, over time, of Isac Moses, Isaak Mosiz, then Isac Moriz and, ultimately, the Germanic MORITZ, which appears on the Jewish census of 1819.

The *Isidorschhaus*—Moritz ancestral family home o/a 1938, Hauptstraße 1, Becherbach-an- der-Großbach bei Kirn/Nahe.
Le *Isidorschhaus*—la maison ancestrale des Moritz à Becherbach-an-der-Großbach près Kirn/Nahe vers 1938.
Das *Isidorschhaus*—Hauptstraße 1, Becherbach-an-der-Grossbach bei Kirn/Nahe um 1938.

Le nouvel arrivant, Moses eut deux fils—David bar Moses en 1721 et Salomon bar Moses en 1723. Sophie, fille ainée de David et de sa Rachel, connue sous le nom de Sophie David Moses ou *la Davidin* épousa, à 17 ans, un veuf originaire de Monzingen, Isaak bar Veis (Isaak fils de Veis). L'autre fils de Moise, Salomon bar Moses ou Moses Salomon, prit le nom de Salomon comme nom de famille tandis que le fils d'Isaak, de son premier lit, Liebmann bar Isaak, prit le nom de Liebmann comme nom de famille. Après la mort, sans issue mâle, de David Moses en 1802, son gendre Isaak bar Veis prit le nom du beau-père, en marque de respect et pour assurer au défunt qu'un homme serait là pour lire la prière des morts—le Kaddish—à la Synagogue.

Probablement connu sous le nom de "Eisick Moysche", Isaak prospéra en tant que marchand de bestiaux et prêteur sur hypothèques pour le compte d'investisseurs de la grande ville. Avec sa Sophie, il eut trois fils, Peter en 1789, Simon en 1792 et Michael en 1795.

La France annexa le Palatinat pendant la période napoléonienne et les juifs bénéficièrent des lois françaises leur octroyant presque tous les droits du citoyen. Par contre, ils durent adopter des noms de famille permanents, de leur choix, excepté, en cette principauté, les noms d'origine hébraïque ou de lieux. Isaak ne put plus signer, en l'écriture hébreu *Raschi*, du nom de Isaak Moyse, ou "Isac Becherbach".

Ses affaires immobilières ont laissé maints contrats qu'il signait tantôt Mosiz, tantôt Moriz pour finalement se fixer sur le nom germanique de MORITZ qui apparait sur le cens de 1819.

Dieses er neueingewanderte Moses wurde Vater von zwei in Becherbach geborenen Söhnen: David bar Moses kam in 1721 auf die Welt, Salomon bar Moses, der jüngere, um 1723. Die Erstgeborene des David bar Moses und seiner Rachel, Sophie David Moses, Sophie Moses David, oder auch "die Davidin" genannt, heiratete als 17-jährige den aus Monzingen a/Nahe stammenden Witwer Isaak bar Veis bzw. Isaak, Sohn des Veis, (1742–1827), der also in das Haus in Becherbach einheiratete.

Nachdem David Moses im Jahr 1802 ohne männliche Nachkommen starb, übernahm sein Schwiegersohn Isaak den Namen Moses, wohl aus Respekt und um sicherzustellen, daß der alte Herr ein "Kaddischbub" haben würde, der das Gebet für die Ruhe seiner Seele im Gebetshaus lesen würde.

Als Eisick Moysche oder Moysche Eisick beschäftigte sich Isaak als Viehhändler und Geldverleiher. Seine Ehefrau Sophie schenkte ihm drei Söhne, Peter (geb.1789), Simon (geb.1792) und Michael (geb.1795). Frankreich annektierte die Pfalz während der Napoleonischen Zeit. Die Juden erreichten dadurch fast die Gleichberechtigung, mußten aber feste Familiennamen annehmen, Namen, die in dieser Gegend weder Ortsnamen noch hebräische Namen sein durften.

Seitdem konnte Isaak nicht weiter seine Hypotheken in *Raschi*-Hebräischer Schrift als Isaak Becherbach oder Isac Moyse unterschreiben. Akten, die er hinterließ, unterschrieb er auch mit Isac Moses, Isaak Mosiz oder Isac Moriz, bis er endlich in der "Musterliste der jüdischen Gemeinde zu Becherbach" im Jahre 1819 als Isak Moritz erschien.

Fire destroyed a large part of the town in 1854, including the Jewish prayer room and part of the Eisick house. Shortly thereafter, the year 1856 saw the passing of both the brothers Peter and Michael, and the emigration to "Amerika" of Peter's widow, Adeline née Binnes, together with their son Gustav. The family of the surviving Simon Moritz and wife Nanette, née Gottschall, continued to be known by the name of their house as "Eisicks", until a new large house was built on the main street—the *Hauptstrasse*—across from the Town Hall by Simon's son David (1821–1881) and grandson Isidor (1860–1908), after which the family became known by the new *Hausname* of "Isidorsch", which continues to be the case to this day.

Isidor wed Regina Wendel, of nearby Nahbollenbach and fathered eight children, ere he passed away, in 1908, at the young age of 48.

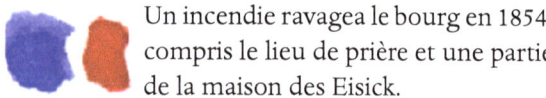

Un incendie ravagea le bourg en 1854, compris le lieu de prière et une partie de la maison des Eisick.

Peu après, en 1856, décédèrent Michael et Peter; la même année, la veuve de ce dernier, Adeline née Binnes, émigra aux Etats-Unis avec son fils Gustav.

Le clan des Moritz continua, suivant les us du lieu, à être connu sous le nom de la maison paternelle, à savoir, du nom de Eisick, jusqu'à ce que le fils et le petit-fils de Simon, David (1821–1881) et Isidor (1860–1908) construisirent une nouvelle demeure familiale en face de la Mairie; la famille fut donc désormais connue par le nom de "Isidorsch", ce qui reste le cas jusqu'en ces temps-ci.

Isidor épousa Regina Wendel, née à Nahbollenbach près Idar-Oberstein en 1858 et en eut huit enfants, avant de s'éteindre à l'âge de 48 ans, en 1908.

Das Dorf brannte zum größten Teil im Jahre 1854 ab, einschließlich der Gebetsstätte der Juden und eines Teil des Eisick'schen Hauses.

Die Brüder Michael und Peter starben beide 1856, im gleichen Jahr, in dem Peters Witwe Adeline geb. Binnes mit Sohn Gustav nach Amerika auswanderte.

Die Familie trug weiter—so wie es in dieser Gegend Sitte ist—einen Hausnamen, und zwar den Namen "Eisicks", bis Simons Sohn David (1821–1881) und dessen Sohn Isidor (1860–1908) ein neues Familienhaus an der Becherbacher Hauptstraße gegenüber der Bürgermeisterei bauten, so daß die Familie danach und noch heutzutage den Hausnamen "Isidorsch" in Becherbach trägt.

Isidor heiratete die 1858 in Nahbollenbach bei Idar-Oberstein geborene Regina Wendel, die ihm acht Kinder gebar, bevor er 1908, im jungen Alter von 48 Jahren, in Becherbach verstarb.

Father and Mother

Mother:
Klara Kaufmann Moritz

Father:
Ludwig David Moritz

Becherbach

The eldest, a son born in 1884, our father Ludwig David, thus became the head of the household and foster father to his seven siblings: Albert, Alfred, Else, Antoinette (Toni), Paula, Alma and the youngest, Jakob, 10 years old. As head of the family, a responsibility he took very seriously, he saw to it that his siblings obtained an education, established themselves as useful members of society and, in the case of his sisters, married similarly-situated young men.

L'aîné, notre père, Ludwig David, né à Becherbach en 1884, devint ainsi le chef de famille, un rôle qu'il prit avec le plus grand sérieux. En tant que *pater familias*, il fit en sorte que ses sept frères et soeurs, Albert, Alfred, Else, Antoinette (Toni), Paula, Alma et le Benjamin, Jakob de dix ans, reçurent une éducation, et s'établissent en tant que membres de la société; dans le cas de ses soeurs, elles épousèrent, avec sa bénédiction, des jeunes gens d'un milieu semblable à celui dans lequel elles avaient vécu jusque là.

Der Erstgeborene, unser Vater Ludwig David, 1884 in Becherbach auf die Welt gekommen, wurde wegen dem frühen Tod seines Vaters das Familienoberhaupt, eine Rolle, die er sehr ernst nahm. Als *Pater Familias* sorgte er dafür, daß seine sieben Geschwister—Albert, Alfred, Else, Antoinette (Toni), Paula, Alma und der letzte, der 10-jährige Jakob—beruflich und akademisch ausgebildet wurden. Er sorgte auch dafür, daß seine Schwestern einen Lebenspartner aus einem ähnlichen Milieu heirateten.

1914 1918
Gefallen
Otto Herrmann 1885-1914
Friedrich Karl Siegel 1885-1914
Otto Siegel
Friedrich Simon
Adolf Schwenk
Friedrich Wenz
Rudolf Wilhelm
Hans Beckey
Julius Stenshorn
Heinrich Schlarb
Alfred Moritz
Jakob Ganns
Adolf Wöllstein
Ernst Adolf Bauer 1893-1916
Otto Dröscher 1896-1916
Jakob Wenz 1877-1917
Friedrich Wöllstein 1893-1918
Julius Decker 1890-1918
Karl Doll 1880-1919
Vermisst
Friedrich Karl Uebel 1878-1914

Village life was interrupted by the First World War. All the brothers served in the Kaiser's Armies. Arguing that her first-born was on the front lines, that Albert had been seriously wounded, that a third, Alfred, had lost his life, Oma Regina persuaded the authorities that her last-born, 20 year-old Jakob, be assigned to the less dangerous "Air Corps" it being, she wrote, that he thought "it might be fun". Our father Ludwig was decorated for "bravery in front of the enemy in Galicia, on the Eastern Front" with the Iron Cross and, for his actions on the Western Front lines, with the "Baden Bravery Medal".

Our uncle Alfred (1890–1916) served in the infantry and gave his life for his fatherland.

After the war's end, in late 1919, a small nationalistic group, the "German Workers' Party", recruited an Austrian, Adolf Hitler, a spellbinding orator. He sought out like-minded extremists, developed a grandiose 25 point program—including the "solution to the Jewish Problem"—and changed the name of the party to "National Socialist German Workers' Party", the NSDAP, the Nazi party.

Alfred Moritz 1890–1916

In 1942, Germania's new masters decreed that the name of the Jew "Alfred Moritz" be chiseled out of the local monument to the fallen heroes.

This was their way of rewriting world history. As they well knew, "Might makes Right".

After the disappearance of the "Thousand Year Reich", a brand-new monument with the inscription "Alfred Moritz (1890–1916)" and the names of the town's missing in the latest conflict was erected in, of all places, the Lutheran cemetery. Nowhere was mention made of the fact that uncle Alfred was not, and had not ever wanted to be, one of "them", the Goyim, the Gentiles.

In a morbid way, the virulent anti-semite Martin Luther had had the last word, as it seemed as if a descendant of old man Isaak Moses had become a Lutheran, posthumously, by default, without his say.

Thankfully, Oma Regina had not lived to see this ignominy.

La paisible vie rurale fut interrompue par la *Der des Der*, celle qui était certaine d'être le dernière, la Grande Guerre de Quatorze; les frères Moritz servirent leur patrie, qui dans l'Aviation tel Jakob, qui dans l'Infanterie tels Alfred et Albert. Ce dernier fut grand-blessé tandis qu'Alfred, à 26 ans, tomba au champ d'honneur. Son nom figura au Monument aux Morts avec ceux de ses camarades. En 1917, notre père, Ludwig, fut décoré pour "bravoure face à l'ennemi" de la médaille pour bravoure du Pays de Bade et, peu après, de la Croix de Fer pour bravoure sur le Front Est.

Fin 1919, un groupuscule nationaliste, le "Parti des Travailleurs Allemands", recruta un Autrichien, Adolf Hitler, un orateur hors pair. Il recruta d'autres extrémistes du même bord et mis au point un grandiose programme de 25 points, compris la "solution au problème juif". Il changea le nom du groupe en "Parti National Socialiste des Travailleurs Allemands", le NSDAP, le parti nazi.

En 1942, les nouveaux maîtres des lieux effacèrent le nom d'Alfred Moritz du monument aux morts, décidant, en vainqueurs, de l'Histoire . . . la raison du plus fort étant toujours la meilleure. Leur guerre perdue, les élus érigèrent un nouveau monument et le placèrent dans le cimetière protestant, quoique les catholiques et le juif y inscrits n'étaient pas des leurs; il semblerait que le moine maudit, Martin Luther, eût sa conversion, à titre posthume et sans l'assentiment de l'interessé. Heureux que ses frères et soeurs n'aient pas eu vent de cet affront.

Das ruhige, angenehme Dorfleben wurde durch den ersten Weltkrieg unterbrochen. Die vier Gebrüder dienten entweder bei den Fliegern, wie der junge Jakob es tat, oder als Infantristen wie Albert, der schwer verletzt wurde, und Alfred, der im Alter von 26 Jahren sein Leben für das damalige Vaterland gab. Oma hatte veranlaßt, daß der zwanzigjährige Jakob zu den Fliegern kam, weil u.a. er meinte, "daß er daran Spaß haben würde". Ludwig, unser Vater, erhielt, im Westen, die Badische Tapferkeitsmedaille und, kurz danach, in Galizien, wegen Tapferkeit vor dem Feinde, das Eiserne Kreuz.

Ende 1919 rekrutierte eine kleine nationalistische Gruppe, die Deutsche Arbeiterpartei, einen fesselnden Redner, den Österreicher Adolf Hitler. Zusammen mit anderen Extremisten stellte er ein 25-Punkte-Programm zusammen und taufte die Gruppe um in "National-Sozialistische-Deutsche-Arbeiter-Partei"—die NSDAP—die "Nazis".

Im Kriegsjahr 1942 haben die neuen Meister Germaniens den Namen Alfred Moritz von dem Denkmal entfernt. Sie haben dadurch scheinbar probiert, die Weltgeschichte auf eine faschistische Weise neuzuschreiben, da Wahrheit nur durch den Sieger bestimmt wird.

Später wurde ein neues Denkmal errichtet, diesmal auf dem evangelischen Friedhof, ohne daß irgendwo erwähnt wurde, daß dieser Alfred Moritz ein Jude—und kein Lutheraner—war. Es scheint also, daß der rabiate Judenfeind Martin Luther es scheinbar doch endlich so weit gebracht hat, daß ein Nachkömmling des alten Juden Isaak Moses doch im Tode—also ohne sein Einverständnis lutherisch wurde. Gott sei Dank, daß Alfreds Geschwister eine solche Blamage nicht erlebten.

Mother

In 1929, with all his siblings having married and his self-imposed mission thus accomplished, our father Ludwig, aged 45, sought a bride and wed Klara Kaufmann, a lovely and lively 31 year old Jewish lady, a hat-designer with her own millinery store in Gindorf, a town near Cologne in the Rhineland. Klara fitted right into the village atmosphere of Becherbach and was warmly accepted by the lady of the house—grandmother Regina.

A year after their nuptials, Ludwig and Klara were blessed with the birth of their firstborn Alfred, named after the fallen brother, and two years later, in 1932, with the arrival of my brother Ernst. The boys were of course circumcised in accordance with the ancestral ways and given the names of their grandfathers. Alfred, the first-born was named after the paternal grand-father, Israel bar David—Israel son of David; the second one was named Elieser bar David, after the maternal grand-father Reb. Elieser bar Reb. Kalonymos. On each occasion, our father ran into the street, holding the baby and yelling in the local dialect, "mah honnen, mah honnen" ("we've got'm, we've got'm").

Ayant rempli son devoir de *pater familias*,—ses frères et soeurs étant tous casés—Ludwig décida, à son tour, à l'âge de 45 ans, de se marier et convola avec une charmante jeune fille de 31 ans, d'une famille juive de Gindorf dans les environs de Cologne en Rhénanie, modiste de son état et établie à son compte. Voilà donc quelqu'un qui devait avoir un sens des affaires pensa sans nul doute grand-mère Regina.

Regina vit d'un bon oeil son aîné marié en fin de compte, d'autant plus qu'il avait été accepté par une bru avec laquelle elle s'entendit à merveille et laquelle lui donna, à peine un an après les noces, un petit-fils que l'on nomma Alfred, après le fils disparu dans la fleur de l'âge et, deux ans plus tard, un autre petit garçon qui répondra au nom d'Ernest.

Lors de chaque naissance, notre père se planta devant la mairie et annonça, en *Mundart*, l'ancienne langue de ces monts: "Mah honnen, mah honnen", c'est- à-dire "On l'a, on l'a".

Les deux garçons furent évidemment circoncis suivant l'usage ancestral—Alfred, l'aîné, portant le nom hébreu de son grand-père paternel Israel bar David—Israel fils de David—et le cadet Ernest reçut le nom de Elieser bar David, d'après le nom du grand-père maternel, Reb. Elieser bar Reb. Kalonymos, de l'illustre lignée des rabins Kalonymos.

Mit dem Ende seiner Aufgaben als *Pater Familias*—seine Geschwister waren eines Tages alle verheiratet—entschloß sich Ludwig, auch eine eigene Familie zu gründen, und heiratete im Alter von 45 Jahren Fräulein Klara Kaufmann, eine aus dem Rheinland stammende, junge jüdische Dame, die gelernte selbständige Modistin war.

Oma Regina freute sich, daß ihr Erstgeborener auch endlich heiratete, und zwar ganz besonders, weil er ihr eine Schwiegertochter ins Isidorsche Haus brachte, mit der sie sich sofort gut verstand. Außerdem gab sie ihr, nach einem Jahr Ehe, einen Enkelsohn, den man Israel bar David, nach Großvater Isidor, und Alfred, nach dem im 1. Weltkrieg gefallenen, viel zu jung aus dem Leben geschiedenen Sohn, nannte. Zwei Jahre später kam ein zweiter Enkelsohn, Ernst, auf die Welt; auf hebräisch hieß er Elieser bar David, nach dem anderen Großvater, dem frommen Reb. Elieser bar Reb. Kalonymos, benannt.

Nach jeder Geburt stellte sich der stolze Vater vor die gegenüberliegende Bürgermeisterei und machte in dortiger Mundart bekannt: "Mah honnen, mah honnen!"

Grandmother, Regina Wendel Moritz and Grandfather, Isidor Moritz.

The year of Ludwig and Klara's nuptials saw the arrival of a newly-appointed Lutheran Minister—Pfarrer Johann Müller—whom the town dignitaries greeted at the edge of town with the customary cortege led by mayor Otto Klein; our father—old Isaak's great grandson—was given the honor of bearing the town standard.

Pastor Müller became a life-long friend of the Moritz family—extending into the following generation until his death, after his retirement to Düsseldorf, in the 1960s; the good *Pfarrer* had apparently not been infected with the virulent anti-Jewish murderous diatribes of the founder of his sect, the—formerly Catholic—monk Martin Luther.

With his new family, two sons, a prosperous business and as a leading citizen of his home town, our father was elated, the world was his oyster—little did he realize that, at this very moment, an Austrian rabble-rouser with a funny little moustache was in the process of plotting to steal father's beloved fatherland from him.

L'année du mariage de Ludwig et Klara vit également l'arrivée au village d'un nouveau pasteur luthérien—le Pasteur Johann Müller—que les élus locaux accueillirent, selon l'usage, fanfare municipale en tête; notre père, "Isidorsch" Ludwig, l'arrière petit-fils du vieil Isaak, eut l'insigne honneur de servir de porte-drapeau.

Le bon pasteur qui n'avait, de toute évidence, pas été infecté par le virulent poison antisémite propagé par le fondateur de sa secte, le moine Martin Luther, devint un ami fidèle de la famille Moritz—compris la génération suivante et ce, jusqu'à son décès dans les années soixante en sa retraite de Düsseldorf.

Notre père, approchant l'âge mûr de la cinquantaine, nouveau chef de famille, nouvellement "papa" et à la tête d'une affaire florissante et un des notables du lieu, voyait tous ses rêves se réaliser.

Il ne se doutait pas le moins du monde qu'à ce moment-là même, un étranger, un petit Autrichien gueulard affublé d'une drôle de petite moustache, était en train de lui voler sa bien-aimée patrie—son adoré *Vaterland*, le pays de ses ancêtres.

Im Jahr 1929, Ludwig und Klaras Hochzeitsjahr, kam ein neuer evangelischer Pfarrer, Johann Müller, ins Dorf. Er wurde von den Gemeindebürgern mit der Dorfkapelle auf der Kirner Landstraße empfangen. Der Urenkel des alten Jud' Isaak Moses durfte die Fahne tragen.

Der gute Pastor, der nicht von dem antijüdischen Gift des Mönches Martin Luther angesteckt war, wurde ein treuer Freund nicht nur unseres Vaters, sondern auch der folgenden Generation bis zu seinem Tod in Düsseldorf in 1962.

Vater war überglücklich. Mit seiner neuen Familie, zwei Söhnen und einem gutgehenden Geschäft war das Leben wundervoll. Noch ahnte er nicht, daß in diesem Moment ein Ausländer, ein kleiner Österreicher mit einem drolligen Schnurrbart, es vorhatte, sein geliebtes Vaterland zu stehlen.

On January 30, 1933, Hitler was appointed Chancellor of the German Reich. Within a few months, the Nazis would intimidate Parliament—the *Reichstag*—into voting them full powers, thus creating a one-party, one man, dictatorship. Shortly after, they set aside the constitution—the Basic Rights of the Citizens—and created a total dictatorship. A day was declared when all Germans were to boycott all Jewish places of business. The order was enforced by the paramilitary street thugs, the S.A.—the "Brown Shirts", feared for beating up their opponents. The Gestapo, the secret police, were given the power of making arrests without warrants.

Father decided to heed his brother Jakob's entreaties and to move his family to Sarrebrücken in the Sarre region, at the time under French administration. Shortly afterwards, the population of the Sarreland voted to be reunited with their German brethren; this unexpected event, together with the illness of our Oma, the fact that moving to France would have meant learning a new language, and a fair amount of homesickness for his beloved *Heimat*, led our parents to return to the family homestead in Becherbach.

Our father knew he was here among friends and nothing untoward would happen to him—a man of few but thought-out words, he had believed that it was simply not possible that a handful of loudmouthed rabble-rousers could hold power for any length of time in the land of Goethe and of his beloved former commander, the respected Marshall Hindenburg.

Sarrebrück, Sarre 1933–1934

La prise du pouvoir et la main-mise des fascistes sur tous les leviers du pouvoir suivirent leur victoire aux élections du 5 mars 1933. Un de leur premiers actes de banditisme fut l'ouverture, le 20 mars du même mois de mars, de l'infâme camp de concentration de Dachau situé dans le charmant village d'artistes dans la banlieue du non-moins charmant Munich.

Suivit un boycott organisé par les nouveaux maîtres de la Germanie contre les magasins propriétés de Juifs et suivi, du fait de l'intimidation par les paramilitaires nazis—les chemises brunes—par la majorité de la population.

Donnant suite aux conseils et encouragements répétés de son frère Jacques établi en Sarre, Ludwig décida, lui-aussi, de quitter son pays natal et d'aller s'y établir—la Sarre étant sous administration française depuis la défaite allemande de 1918.

L'année 1935 vit la Sarre retournée à l'Allemagne après un plébiscite; notre père n'eut pas l'heur, à l'instar de son frère Jacques, d'aller s'établir en France, un pays dont il ne parlait pas la langue. D'autre part, si l'autre choix était de rester en Sarre, donc en Allemagne, ne valait-il pas mieux rentrer au pays où la grand-mère se faisait vieille et refusait de quitter son pays natal, où, par ailleurs, il n'avait qu'amis ; il déménagea de nouveau et retourna au pays de ses ancêtres, à Becherbach, près de Kirn, sur la rivière Nahe.

Notre père, homme sensé entre tous, savait pertinemment que la main-mise d'un groupuscule extrémiste sur le pouvoir suprême, au pays de Goethe, était une aberration qui serait, sans doute aucun, corrigée à courte échéance.

Am 30ten Januar 1933 wurde Hitler zum Reichskanzler ernannt. Kurz danach intimidierten die Nazis den Reichstag, Hitler die diktatorische Macht zu schenken. Nach den Wahlen vom 5. März 1933 übernahmen die Faschisten die Regierung und konnten danach auf diktatorischer Weise bestimmen. Kurz danach, und zwar am 20ten des gleichen Monats, wurde das KZ Dachau in dem bildschönem Dorf gleichen Namens in der Nähe der Stadt München eröffnet, damit diejenigen, die mit der neuen Regierungsform nicht einverstanden waren, entfernt und ermordet werden konnten. Die Gestapo—die Geheime (und gefürchtete) Staatspolizei—bekam die gerichtsverfahrungslose Inhaftierungsmacht.

Sofort danach fand ein Boykott jüdischer Geschäfte, auch von den neuen Machthabern organisiert, statt. Die Sturmabteilungen—die SA—die wegen ihren Straßenrandereien berüchtigt waren, sorgten dafür, daß jeder mitmachte.

Ludwigs jüngster Bruder Jakob, der neuestens Jacques hieß, war in dem Saargebiet ansässig und überzeugte seinen Bruder Ludwig, er solle auch in dieses deutschsprechende französische Gebiet ziehen, was er dann auch tat. Erstaunlich, kurz nach dem Umzug, im Jahr 1935, entschieden sich die guten Saarländer dafür, wieder zum Deutschen Reich zu gehören. Ludwig hatte nicht die Courage, so wie es sein Bruder Jacques tat, nach Frankreich zu ziehen, in ein Land, dessen Sprache er nicht kannte. Außerdem hatte es auch seines Erachtens keinen Sinn, im Saarland zu bleiben, nachdem dieses Gebiet wieder deutsch wurde; also siedelte er mit Frau und Kinder wieder in die alte Heimat zurück, wo er ja nichts wie Freunde hatte und wo ihm nichts passieren könnte.

Unser Vater, ein gebildeter und einsichtiger Mensch, hatte sich ausgedacht daß diese winzige Gruppe von Rechtsextremisten sowieso nicht lange die Macht halten würde. Solch ein Irrweg war im Lande Goethes doch kaum möglich und würde bestimmt bald korrigiert werden.

BECHERBACH, 1936
A local rite, the potato harvest.
Un rite allemand: la récolte de pommes de terre.
Deutsch sein, Kartoffel ernten.

Our nanny, Paula, lived next to the town hall, across the street from the store with the large sign *J. Moritz*. Her father, Heinrich Urban, had a taxi service, with father being his best—if not only—customer for the frequent runs down to Kirn. Together with her brother Adolf, called *Adi*, she took us to "help" with their potato harvest. At dusk, old man Urban made a fire with dried potato fonds and we roasted fresh potatoes in the embers—a delight.

Ernest, at age 5, was the entrepreneurial sort and had the run of the village. Everyone knew Isidorsch Ludwig's tow-headed red-cheeked boy and they made sure he was always safe while "helping"—be it leading some cows, or even a horse, to water or simply helping by sitting on a plow; the only rule was that he was to be back home at noon sharp when the hands on the church clock both stood straight up.

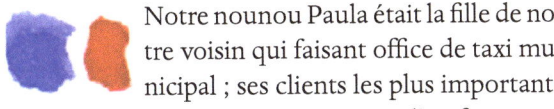

Notre nounou Paula était la fille de notre voisin qui faisant office de taxi municipal ; ses clients les plus importants étaient sans aucun doute ses voisins d'en face, avec leurs allées et venues continuelles. Enfants, nous deux avions le droit "d'aider" lors de la récolte de pommes de terre, avec notre meilleur copain Adolphe, dit *Adi*, le fils de la maison. Au crépuscule, un brasier de plants secs était allumé et nous y faisions rôtir des pommes de terre—un vrai délice!

Ernst, le petit blondinet de 5 ans aux joues toujours roses était le plus entreprenant et, n'étant pas encore à l'école, avait le droit de passer la journée dans les champs à «aider» avec le bétail, à regarder naître une biquette. Tout le monde connaissait le petit de Ludwig et faisait bien attention à ce qu'il ne lui arrive rien. Obéissant aux consignes de Oma, notre grand-mère, il rentrait crotté à midi pile, lorsque les deux aiguilles de la grande horloge étaient bien droites ensemble.

Paula, unser Kindermädchen, wohnte neben der Bürgermeisterei, gegenüber dem Geschäft mit dem Schild "J. Moritz". Ihr Vater diente mit seinem Auto als Ortstaxi, hauptsächlich für die Familie Moritz. Mit Paulas Bruder Adolph (Adi), unserem besten Freund, durften wir bei der Kartoffelernte "helfen". Bei Tagesende wurde ein Feuer mit den vertrockneten Kartoffelpflanzen angezündet, und in der Asche rösteten wir Kartoffeln. So etwas Leckeres gibt es nicht wieder.

Der fünfjährige Ernst, der noch nicht in die Schule ging, war ein unternehmungslustiges Bübchen. Jeder im Dorf kannte den kleinen Blonden mit den roten Backen, "em Isidorsch Ludwig sei Bub", der nie ging, sondern nur lief. Die Bauern paßten auf, daß "em Ernst'che" nichts Böses geschehen würde. Er hatte am meisten Spaß, wenn er mit den Tieren "helfen" durfte, und sah sogar zu, als ein Zickelchen auf die Welt kam. Aufgeregt erzählte er das der lieben Oma. Nur eine Regel gab es für ihn. Er mußte im Hause sein, wenn die "Hände" der großen Kirchturmuhr gerade zusammen standen, zum Mittagessen.

[illegible] 9. 12. 1936.

Sehr geehrter Herr Lehrer!

Ich danke Ihnen für Ihren freundlichen Brief, indem Sie mir, in Ihrem werten Schreiben mitteilen, daß Alfred an einer Schulweihnachtsfeier nicht teilnehmen kann. Der [illegible] als Alfred begeistert aus der Schule kam, u. von der Feier erzählte, habe ich es ihm, so gut es ging, auseinandergesetzt, daß eine Feier für ihn nicht in Frage kommen kann, was er auch gut verstanden hat. In voller Würdigung Ihrer Gründe überlasse ich es Ihnen, wie weit Alfred an irgend etwas behilflich sein kann u. darf, da Sie ja, wie ich aus Ihren w. Zeilen ersehe, Verständnis haben für die Lage meines Kindes!

Hochachtungsvoll
Ludwig Mautz

51

1936 Becherbach

Alfred was enrolled in the local Elementary School taught by a Mr. Donges, a descendant of Huguenots expelled from France in the 18th Century because of their refusal to convert to the "true faith"—Catholicism. Mr. Donges, obviously a decent sort who knew something about religious persecution, wrote to our father informing him that he was sorry, Alfred could not participate in school year-end festivities; he suggested that my parents find a way to explain my exclusion in a manner which would not traumatize me. Father kept this letter for years as proof to himself of the decency of some of his compatriots.

Father's letter in reply was kindly given to me sixty years later by Mr. Donges' son. It reads as follows:

A l'âge de six ans, on m'envoya à l'école du village dirigée par un Mr. Donges, descendant de Huguenots français émigrés lors de la Révocation de l'édit de Nantes sous Louis XIV.

A peine commencées les classes, Mr. Donges qui, lui également, avait appris de première main ce qu'était la persécution religieuse, informa mes parents, par écrit, que je ne serais pas admis à participer aux fêtes scolaires de fin d'année. Dans sa lettre, il suggérait à mes parents de faire en sorte que ce refus me fut présenté de telle manière que cela ne me traumatisât pas. Mon père garda cette lettre pendant des années pour se prouver à lui-même que tous ses compatriotes n'étaient pas des monstres.

Dans la lettre ci-jointe, que le fils de Mr. Donges découvrit dans les affaires de son défunt père, et me fit parvenir en l'an 2000, 64 ans après les faits, mon père écrivait ce qui suit:

Im Alter von sechs Jahren kam Alfred in die Becherbacher Volksschule. Lehrer Donges, dessen Vorfahren Hugenotten waren und deswegen aus Frankreich flüchten mußten, verstand anscheinend, was religiöse Intoleranz bedeutete.

Kurz nach Beginn des Schuljahres äußerte Herr Donges in einem Brief an Ludwig Moritz sein Bedauern darüber, daß sein Sohn Alfred nicht an den Schulfesten teilnehmen dürfe. Im Jahr 2000, also 64 Jahre nach diesem Geschehen, ließ der Sohn des Lehrer Donges mir einen langaufgehobenen Brief meines Vaters zu kommen.

Er lautet wie folgt:

Becherbach December 9,1936

Dear Sir,

Thank you for your friendly letter in which you advise me, in this genteel way of yours, that Alfred cannot participate in the Christmas Festivities. When Alfred came home from school a week ago, all excited and full of news about the coming festivities, I explained to him, as best I could, that this party was not for him and he understood this perfectly.

In complete appreciation of the reasons behind your actions, I leave it to you to take the decisions as to those activities in which Alfred can and may participate, inasmuch as I can sense from your message that you have concern for the feelings of my child.

Yours truly,
(s) Ludwig Moritz

Father knew full well that, with the Nazis now in power for three years, the poor schoolteacher was allowed no initiative of any kind and was at the mercy of his new Nazi masters. The letter strains for sarcasm while, at the same time, seemingly commiserating with poor decent Mr. Donges, especially since other schoolmasters handled similar situations with less compassion, in that they simply expelled their Jewish students.

Becherbach le 9 Décembre 1936

Très honoré Monsieur l'Instituteur,

Je vous remercie pour votre lettre amicale, dans laquelle vous me faites savoir, en cette manière élégante qui est vôtre, qu'Alfred ne pourra participer aux festivités de Noël.

Lorsqu'Alfred rentra de l'école il y a 8 jours tout enthousiasmé, j'ai fait de mon mieux pour lui expliquer que cette fête n'était, en aucun cas, pour lui; ce qu'il comprit parfaitement.

Appréciant, on ne peut plus, les raisons qui sont les vôtres, je vous laisse donc le soin de déterminer ce à quoi Alfred pourra-ou ne pourra pas-participer, étant donné que vos lignes me laissent croire que vous avez de la compréhension pour la sensibilité de mon enfant.

Avec ma haute estime,
(s) Ludwig Moritz

En écrivant les mots "les raisons qui sont les vôtres", notre père savait pertinemment que le pauvre instituteur était, maintenant depuis trois ans, aux ordres de ses maîtres nazis et ne pouvait prendre d'initiative de son propre chef; le contenu de cette lettre est donc un tant soit peu sarcastique tout en remerciant Mr. Donges de sa gentillesse, car d'autres maîtres, en d'autres écoles, furent moins accommodants, et congédièrent leurs élèves juifs purement et simplement.

Becherbach, 9.12.1936

Sehr geehrter Herr Lehrer,

Ich danke Ihnen für Ihren freundlichen Brief, in dem Sie mir, in Ihrer vornehmen Weise mitteilen, daß Alfred an der Weihnachtsfeier nicht teilnehmen kann. Vor ungefähr 8 Tagen als Alfred begeistert aus der Schule kam, u. von der Feier erzählte, habe ich ihm, so gut es ging, auseinandergesetzt, daß diese Feier für ihn nicht in Frage käme, was er auch gut verstanden hat. In voller Würdigung Ihrer Gründe, überlasse ich es Ihnen, wie weit Alfred an irgend etwas teilnehmen kann und darf, da Sie ja, wie ich aus Ihren Zeilen ersehe, Verständnis haben für die Lage meines Kindes!

Hochachtungsvoll

Ludwig Moritz

Als Vater schrieb "In voller Würdigung Ihrer Gründe . . .", wußte er, daß der arme Lehrer, nach dreijähriger Nazi-Diktatur, nichts mehr in seiner Schule zu bestimmen hatte. Also sollte der Brief sarkastisch sein. Er wollte sich aber auch für die Anständigkeit des Lehrers bedanken, weil es in anderen Schulen viel rabiater zuging, indem die jüdischen Schüler einfach entlassen wurden.

Alfred Moritz, Becherbach, 1936
First school-day
Première rentrée scolaire
Erster Schultag

Germania, 1936

Periodically, the populace was worked up to a frenzy of overt anti-Jewish actions: loudspeakers were set up in front of our house and the Austrian, and/or one of his acolytes, generally the club-footed Propaganda Minister, Goebbels, would rant and rave for an hour. Thereupon, my schoolmates, the young boys of the *Hitler-Jugend* and the girls of the BDM—*Bund Deutscher Mädchen*, led by a ne'er-do-well by name of Karl Mohr, paraded in front of our house singing: "When Jew-blood spurts from our knives . . ."

I was overwhelmed by shock, I was perplexed, as even my first and very best friend, Adi, he of the potato fields, was invariably one of them and sang along. I was allowed to watch, standing on the stoop, and in my child's wisdom concluded that, if Adi could do such a thing, then it was true that absolutely no one—absolutely no one—could be trusted. That very nano-instant of shock arrested for a time any possibility of true friendship with any Christian, ever.

La population était régulièrement agitée en un paroxysme de haine anti-juive; à cet effet, des haut-parleurs étaient installés devant chez nous, sur les murs de la mairie d'en face, et l'Autrichien et l'un de ses acolytes, le ministre de la Propagande, le pied-bot Goebbels, péroraient pendant une heure. Il n'en fallait pas plus pour que mes camarades de classe, adhérents au mouvement militariste de jeunesse allemande, les Jeunesses Hitlériennes, *Hitler-Jugend* et leur pendant féminin le BDM, le *Bund Deutscher Mädchen* paradent devant notre maison en chantant "Quand le sang Juif giclera de nos couteaux . . ."

On me laissa regarder ces défilés depuis le perron, notre père répétant sans cesse "N'y fais pas attention. Le peuple est idiot. Ils ne savent pas ce qu'ils disent."

A mon horreur, mon tout premier et meilleur ami, Adi, celui avec lequel j'avais appris à griller des pommes de terre, était au premier rang. Que mon tout meilleur ami Adi puisse être de ceux-là, de ceux qui veulent me voir mort, qui pensent que je n'ai pas le droit de vivre, me laissa perplexe. Une partie de ma mémoire se figea en cette même nano-seconde et resta figée pour toujours.

Depuis ce jour-là, de vraies amitiés—le genre d'amitié que l'on se fait étant enfant, cette délicieuse amitié faite de confiance réciproque—n'ont que rarement été possibles avec un chrétien.

Regelmäßig wurde die Bevölkerung zu einem Judenhaß-Paroxysmus aufgehetzt; Lautsprecher wurden gegenüber dem Isidorschen Haus, an den Mauern der Ortsbürgermeisterei, aufgestellt, und der neueste Erlöser, der Österreicher und sein Akoluth, der klumpfüßige Propaganda-Minister Goebbels, brüllten in wütender und tobsüchtiger Art, bis meine Schulkameraden so aufgeregt wurden, daß sie hin und her vor unserem Haus, von einem gewissen Karl Mohr geleitet, paradierten. Die Buben gehörten zu der sogenannten Hitlerjugend und die Mädchen zu dem Bund Deutscher Mädchen, dem BDM. Mit Stolz trugen die meisten ihre Uniform mit den Hakenkreuz-Insignia, ein koreanisches Zeichen, das irgendwie ein neues Leben bei den Germanen fand.

Mein erster und allerbester Freund war auch dabei und sang mit "Wenn Judenblut von den Messern spritzt, usw." Ich stand vor der Tür, schaute zu und wurde in dieser Nanosekunde absolut verwirrt; ich dachte: "Wenn der Adi da mitmacht, dann kann ein jeder mitmachen. Freundschaft bedeutet also nichts." Vater sagte: "Nicht hinhören. Das Volk ist doch dumm. Die meinen es ja nicht so."

Für mich gab es danach fast keine Möglichkeit mehr, je mit einem Christ eine richtige Freundschaft zu haben.

I came back to Germany from the States in the eighties on one of my regular visits to the family cemetery and ran into my first and last close friend, Adi; he came up to me and, as in a dream and out of the blue, said "Alfred, I didn't really mean it that way". Father had been right. Ever since that day, I've been struggling to figure out in my own guts, in what way Adi did mean it if, as he now said, he hadn't meant it "that way". At any rate, it seemed that after this half-century, my very best friend of so long ago also carried the trauma of those events with him.

Lors d'un de mes voyages en Allemagne, au cours d'une visite au cimetière ancestral à Becherbach, un demi-siècle après ces événements, je rencontrais Adi par hasard; il vint vers moi, marchant très très lentement, flottant presque, il me semblait, comme dans un rêve et, à brûle-pourpoint, me dit à voix très basse: "Alfred, on pensait pas à mal". Depuis, je me suis souvent demandé ce à quoi il pensait, si ce n'était pas "à mal". Il était évident que même après ce demi-siècle, mon bon copain de jadis était, semble-t-il, lui aussi, également toujours tourmenté par le trauma de ces événements.

In den 80er Jahren kam ich von Amerika nach Deutschland, um die Familiengräber zu besuchen. Mein ehemaliger allererster, und allerletzter, Freund Adi kam auf mich zu, ganz langsam, so wie in einem Traum, und meinte: "Alfred, es war ja nicht so gemeint". Vater hatte recht gehabt. Das Volk ist wirklich dumm. Seitdem frage ich mich wie es dann gemeint war. Es schien so, als ob Adi auch nach einem halben Jahrhundert mit diesem Trauma noch nicht zurechtgekommen war.

1938, GERMANY

In the course of our regular train trips with our mother to spend the Jewish holidays with our Kaufmann grandmother near Cologne, Ernst and I were mesmerized by the glorious appearance of the conductor with his golden braid and buttons—here was what we both wanted to be—that, or firemen. He came towards us, looked down upon us with the air of nonchalant authority of someone who knows his place in the world, smiled and proceeded to check our national identity cards; we were awed. To his surprise and horror, our cards were of a distinct color, of the vile color reserved for sub-humans, non-persons, Jews. The conductor was taken aback by the fact that these blond, blue-eyed children did not fit the stereotypes illustrated in the Nazi rag *Der Stürmer*. In his shock, he shouted, within earshot of all the passengers, *Rassenschande*, implying that someone in our lineage was guilty of race-mixing, a capital offense. Our mother, proud to be one of the "Chosen People", recounted this occurrence in order to illustrate the stupidity and arbitrariness of the powers-that-be.

The concept of *Rassenschande*—racial miscegenation—as a capital offense, was a concept developed by German colonizers in the African German colony of Namibia, at the end of the 19th Century.

Le Troisième Empire Allemand.

1938

Notre mère avait pris l'habitude de passer les fêtes juives chaque année dans sa famille, en son village natal près de Cologne, en Rhénanie, chez sa mère, notre grand-mère; une des trois soeurs de notre mère, notre tante Emma, vivait avec sa mère, devenue veuve.

Au cours du voyage, Ernest et moi étions ébahis d'admiration devant l'uniforme galonné du contrôleur, resplendissant des lettres dorées "RB", pour *Reichsbahn*—Chemins de Fer de l'Empire», et ce avant que l'Allemagne n'ait conquis son Empire. L'autorité galonnée nous regarda du haut de sa superbe et demanda nos papiers d'identité lesquels, à sa stupeur, nous désignaient comme étant des sous-hommes—des *Untermenschen*—qui n'avaient pas droit, depuis les restrictions anti-juives connues sous le nom de "Lois de Nuremberg"—à la protection des lois en vigueur. Le conducteur, voyant qu'il avait affaire à des juifs, blonds aux yeux bleus à sa grande surprise, donc ne répondant pas aux stéréotypes illustrés dans les pages de la feuille nazie, *Der Stürmer*, cria le mot *Rassenschande* à la cantonade, annonçant à un chacun que ces enfants d'apparence aryenne étaient certainement le résultat d'un mariage mixte—une notion que notre mère trouva si ridicule qu'elle en dîna.

Cette notion de *Rassenschande*, mésalliance raciale, était un concept inventé par les colonisateurs allemands en Afrique, en Namibie, à la fin du 19ème Siècle.

Mutter reiste jedes Jahr, um die Zeit der Jüdischen Feiertage, zu ihrer Familie in der Nähe von Köln, da die Becherbacher Isidorsch nicht besonders religiös waren. Unsere Kaufmann Großmutter war auch Witwe, und unsere Tante Emma, eine Jungfer, wohnte bei ihr.

Während der Zugreise waren wir Buben voller Bewunderung für die wunderschöne Uniform des Schaffners, voller Goldknöpfe und allerlei Reichsbahn-Insignien. Erstaunt stellte der Repräsentant der Autorität fest, daß nicht nur die Dame, sondern auch die zwei blonden blauäugigen Bübchen andersfarbige Reisepapiere hatten; also waren wir Untermenschen, Nichtarier, Feinde, obwohl wir nicht seiner Vorstellung dieses Stereotyps, der wöchentlich in dem Nazi-Blatt *Der Stürmer* erschien, entsprachen. Seit den sogenannten Nürnberger Gesetzen waren wir Unpersonen—Heiden—geworden, für die die Protektion des Landesrechts nicht galt. Also konnte er, wie ein jeder Christ im feudalen Mittelalter, mit uns tun und lassen, was ihm gerade einfiel; es fiel ihm nichts Besseres ein, als durch den Wagen zu gehen und zu brüllen: "Rassenschande!" Damals eine kriminelle Tat. Unsere Mutter fand dieses Vorkommnis so blöd, daß sie es überall erzählte als Beweis dafür, daß das Volk dumm sei, so wie unser Vater es oft behauptet hatte.

Dieses Konzept von der Rassenschande wurde ursprünglich von deutschen Siedlern in der deutschwestafrikanischen Kolonie Namibien entwickelt und in das Mutterland exportiert.

Oma, our beloved grandmother Regina, always kept a bowl of candy near her bed, in order to let her grandchildren, of which there were thirteen, know that candy was to be had with their every visit. Mercifully, she passed away in October 1938, a few weeks before the anti-Jewish Pogrom of November 1938, which became known as *Kristallnacht*—The Night of Broken Glass".

She was buried next to our grandfather Isidor, under the big cypress tree which our father had planted in our cemetery, up on the hill overlooking the town, thirty years earlier. Oma was the last of the Isidorsch buried in the cemetery of which she was the last registered Jewish title-holder.

In 1999, the family cemetery in Becherbach was declared by the German Government as being under *Denkmalschutz*—monument protection. Henceforth, local officials could not sell the cemetery land.

Becherbach

The tombs of our grandparents, Isidor and Regina Moritz, in the family cemetery.
Les tombes des grand-parents Isidor et Regina Moritz au cimetière de famille.
Unsere Großeltern ruhen auf dem Familienfriedhof.

La maladie de grand-mère Regina alla en s'empirant; alitée, elle gardait un bol de bonbons sur sa commode afin que ses petits-enfants, au nombre de treize, sachent qu'une gourmandise attendait celui qui lui rendrait visite. Son Dieu voulut qu'elle s'éteignit quelques semaines avant la mise à sac de sa maison. Décédée en Octobre 1938, elle repose depuis aux cotés de son époux dans le cimetière ancestral, sous le grand cyprès que notre père avait fait planter trente ans auparavant, lors des funérailles de grand-père Isidor.

Elle fut la dernière des "Isidorsch" à être inhumée en ce cimetière dont elle était la dernière juive à détenir les titres de propriété.

En 1999, le cimetière familial à Becherbach fut placé sous *Denkmalschutz*, c'est-à-dire déclaré monument sous protection. A l'avenir, il ne sera plus possible aux élus municipaux de vendre ces terrains à vil prix à leurs parents ou leurs amis.

I den drei Jahren seit unserer Rückkehr von Saarbrücken wurde die Krankheit unserer geliebten Oma immer schlimmer. Sie lag meistens im Bett, hatte eine Schale Süßigkeiten auf dem Nachttisch. Ihre Enkelkinder—ein Dutzend waren es—wußten, daß es bei Oma immer etwas Leckeres gab. Gott sei Dank starb sie drei Wochen vor der Kristallnacht und wurde neben Opa Isidor auf dem Familienfriedhof, oben auf dem Hügel unter der großen, vierzigjährigen Zypresse, die Vater hatte pflanzen lassen, bestattet.

Oma war die letzte registrierte jüdische Inhaberin des Friedhofes.

Im Jahre 1999 wurde der Moritz'sche Familienfriedhof unter Denkmalschutz gestellt, so daß es nicht möglich ist, daß das Grundstück von der Gemeinde verkauft wird.

An unexpected event gave the Nazis the opportunity to deal a spectacular blow to the Jews; a seventeen year-old fellow had shot a diplomat of the Paris German Embassy, in order to avenge the deportation of his parents from Germany. Upon receiving this news on November 9, 1938, the Nazi government put a general country-wide—so-called "spontaneous"—pogrom into motion. In the course of this event, which became known as The Night of Broken Glass, several hundred synagogues were burned to the ground, Jewish businesses were vandalized and over 30,000 Jewish men were incarcerated in the three concentration camps of Buchenwald, Sachsenhausen and Dachau, until they had been "softened up" and had agreed to relinquish their assets. In the process, close to a hundred were killed outright by the Nazi party thugs and several hundred more died in the camps from mistreatment, or "suicide".

In this same year of 1938, thirty-three nations met in Evian, France, to discuss the plight of refugees and the dearth of entry visas. Only the tiny Dominican Republic offered to receive substantial numbers of Jews, with the USA maintaining a strict exclusionary quota.

Un événement imprévu fournit aux nazis l'occasion de porter un coup spectaculaire aux Juifs qu'ils avaient à leur merci: à Paris, un adolescent juif de 17 ans, brûlant de venger ses parents déportés d'Allemagne, tua un diplomate de l'ambassade allemande à coups de revolver. Le 9 Novembre 1938, en apprenant cette nouvelle, le gouvernement nazi organisa un pogrom général—soi-disant spontané—dans l'ensemble du pays; six cents synagogues incendiées et démolies, des milliers de magasins et de logements juifs systématiquement pillés. Plus de trente mille Juifs furent envoyés dans des camps de concentration. En ce faisant, les tortionnaires nazis s'arrangèrent pour en faire disparaître plusieurs centaines, soit "suicidés", soit morts de sévices.

Les nazis firent en sorte que les juifs quittent le pays dans un état de misère et de dénuement absolus. On relâcha ceux qui avaient été enfermés et "ramollis" et avaient consenti à vendre, à vil prix, leurs avoirs à des membres du parti unique. Trois cent mille juifs, ceux qui avaient pu obtenir un visa d'entrée quelque part, furent autorisés à quitter l'Allemagne à condition qu'ils laissent tous leurs biens derrière eux.

En cette même année de 1938 avait eu lieu, à Evian sur la rive française du Lac de Genève, une conférence internationale de trente trois pays, afin de discuter le problème des réfugiés et du manque de visas d'entrée. Seule la minuscule République Dominicaine offrit de laisser entrer un nombre substantiel de juifs, les États-Unis maintenant un quota strictement limité.

Ein unerwartetes Geschehen gab den Nazis die Gelegenheit, etwas ganz Außergewöhnliches mit den Juden anzufangen: In Paris hatte ein 17-jähriger Junge einen deutschen Diplomaten erschossen, um die Deportation seiner Eltern zu rächen. Als die deutsche Regierung diese Nachricht am 9ten November erfuhr, organisierte sie ein generelles, angeblich "spontanes" Pogrom.

Während des Pogroms, hauptsächlich von der SA, einer paramilitärischen Nazigruppe, unternommen und später als "Kristallnacht" bekannt, wurden Hunderte Synagogen verbrannt, jüdische Geschäfte vandalisiert und mehr als 30 000 jüdische Männer in die drei Konzentrationslager (KZ) verschleppt, bis sie damit einverstanden waren, ihre Häuser und sonstige Guthaben an Naziparteigenossen zu 'verkaufen'. Während dieser KZ-Einquartierung starben Hunderte in Folge von Quälereien oder "Selbstmord".

Im gleichen Jahr 1938, trafen sich Vertreter aus über dreißig Nationen in Evian, in Frankreich am Genfer See, um die Not der Flüchtlinge zu besprechen und um eine Lösung zu dem Einreisevisummangel zu finden. Die winzige Dominikanische Republik war das einzige Land, welches Einreisegenehmigungen für Juden zur Verfügung stellte; Amerika blieb, wie zuvor, so gut wie geschlossen.

Dachau

Germania, November 1938

After days at the Kirn jail, father was transferred to Dachau, in a suburb of Munich.

Après des jours à la prison de Kirn, Papa fut emmené à Dachau, près de Munich.

Nach dem Kirner Gefängnis kam Vater in das KZ Dachau bei München.

VERBOTEN
KZ. DACHAU
8.22.92

BECHERBACH, GERMANY. November 10,1938

The *Ortsgendarm*, the local constable, from the nearby town of Hundsbach, appeared on his bicycle with the demand that our father accompany him, presumably on foot, to the 6 miles-distant prison in Kirn. Not one to accept such indignity without style, Father ordered his usual chauffeur, Heinrich Urban, whose daughter Paula had been our nanny, to drive the three of them to Kirn and to return to Becherbach with the *Ortsgendarm*, so that the latter could retrieve his government-issue bicycle.

The food at the Kirn prison being what it was, wives were allowed to bring food after the prison warden had been bribed. After a few days at the Kirn jailhouse, Father was transferred to Dachau where, as prisoner number 27084, he was incarcerated for an interminable 82 days; it is not impossible that the intercession of his many Christian friends may have helped him in gaining his freedom.

Ultimately, however, his release was probably due to his having agreed to turn over his business to a Nazi party sympathizer and, most importantly, having obtained an entry/residence permit for the Grand-Duchy of Luxemburg, thanks to the intervention of his Luxemburger brother-in-law, Hermann Wolf.

Father had become a shadow of his former self and seldom spoke of his ordeal. Nevertheless, he did have the inner strength to remain the courteous and dignified gentleman he had always been.

Before Dachau

After Dachau

Monté sur sa bicyclette de service, le gendarme du village voisin de Hundsbach vint frapper à notre porte et pria notre père de l'accompagner à pied jusqu'à la prison de Kirn, distante de quelques dix kilomètres.

Ne perdant rien de sa superbe, notre père commanda son chauffeur habituel, le voisin Urban, et le pria de conduire le trio à Kirn, de le laisser lui à la prison et de revenir avec le représentant de l'autorité, afin que celui-ci puisse récupérer sa monture.

Les prisonniers étaient peu nourris, mais il fut possible à ces dames de soudoyer le geôlier. Notre mère se joignit aux autres épouses que l'on laissa désormais apporter une gamelle à leur mari.

Après quelques jours au cachot de Kirn, le contingent fut transféré à l'infâme camp de Dachau, où le fier Ludwig Moritz , prisonnier numéro 27084, resta exactement 82 jours, en attente, et de la vente de ses biens à vil prix à un sympathisant du parti nazi, et d'un visa d'entrée pour le Grand-Duché du Luxembourg.

Il en sortit squelettique et affaibli, sans toutefois s'être démis de sa dignité.

Ein Ortsgendarm kam von Hundsbach auf seinem Dienstfahrrad nach Becherbach und bat Vater, ihn bis nach Kirn, zehn Kilometer entfernt, zum dortigen Gefängnis zu begleiten. Anscheinend stellte er sich vor, daß er auf dem Rad und Vater zu Fuß die Strecke nach Kirn zurücklegen würde; Vater hatte seinen Stolz und wies seinen üblichen Chauffeur, Nachbar Heinrich Urban, an, das Trio mit seinem Auto dorthin zu fahren. Er sollte dann mit dem Gendarm zurückfahren, so daß dieser sein Rad wieder bekäme.

Die Gefängniskost war, wie man sich das wohl vorstellen kann. Nachdem der Wächter bestochen war, durften die Frauen den Männern etwas von zu Hause zum Essen bringen. Unsere Mutter ging täglich in das Gefängnis, bis alle Männer, unser Vater inbegriffen, in das Konzentrationslager Dachau bei München kamen.

In Dachau wurde Vater, als Häftling Nummer 27084, fast drei Monate gehalten, bis unsere Mutter das Isidorsche Haus mit allem Drum und Dran, das Geschäft mit Inhalt, an einen Naziparteigenossen "verkaufte". Danach, und dank seinem inzwischen ausgestellten Luxemburgischen Aufenthaltserlaubnisschein, wurde Vater nach 82-tägiger Inhaftierung aus Dachau entlassen.

Er war nicht wiederzuerkennen und sprach kaum ein Wort. Seine Dignität hatte er nicht verloren, nur schämte er sich für sein geliebtes Vaterland.

BECHERBACH, GERMANY. November 10,1938
KRISTALLNACHT — NIGHT OF BROKEN GLASS

The "spontaneous" destruction of Jewish-owned property and places of worship took place on the night of November 9 to 10, 1938. In Becherbach, the lone active rabid fascist, a chronically unemployed "loser" by the name of Ernst Schlarb, known as *Schlabbe Wahner*, organized the participation of a "commando" of thugs from the nearby town of Offenbach am Glan. In Becherbach, the perpetrators showed up a day late.

Having been forewarned of a possible *Spontane Aktion*, our mother posted me at the window facing the street, with orders to report any unusual movement, hoping against hope that we had been overlooked. I saw the thugs arrive on a rickety truck and ask an old woman for directions; she motioned towards our house. They proceeded to unhinge the wooden shutters, throw them through the windows and thus enter the house. The Nazis had been clever in forcibly removing all the men from the Jewish premises, so that only women and children were present when the "spontaneous" actions of the thugs took place.

We did not see one single person from our town participate in this barbaric event.

La destruction "spontanée" de biens appartenant à des Juifs et de lieux de prière connue sous le nom de *Kristallnacht*, la nuit des carreaux cassés, eut lieu généralement le soir du 9 au 10 Novembre 1938, en présence des femmes et des enfants après que les hommes eurent été amenés aux cachots. Le seul nazi de la première heure à Becherbach, Ernst Schlarb, plus connu sous le nom de *Schlarbewahner* ne sut organiser son commando S.A. à temps; nous pensions que l'action avait été spontanée à tel point qu'on nous avait oublié dans notre paradis si tranquille. Il n'en fut rien. "Notre" nazi finit par organiser un commando à Offenbach sur Glan.

Avec notre père incarcéré le 10 Novembre à la prison de Kirn, notre mère se doutait bien que, tôt ou tard, ILS—les "spontanés"—finiraient par arriver. Elle me posta à une des fenêtres qui donnait sur la rue, avec consigne de lui signaler toute activité sortant de l'ordinaire.

Je LES vis arriver sur une fourgonnette brinquebalante et demander leur chemin à une dame qui se trouvait là; elle leur montra notre maison. Descendus de leur véhicule, ils enlevèrent les volets, les jetèrent à travers les vitres et entrèrent ainsi.

Nous ne vîmes pas un seul des habitants de notre village participer à cette "action spontanée".

Die "spontane" Zerstörung jüdischer Häuser und Synagogen fand in der Nacht vom 9. zum 10. November statt. In Becherbach, wo die angesehene Familie Moritz seit Jahrhunderten lebte, war die Partei nicht imstande, eine Gruppe zu versammeln, um unser Haus, das Isidorsche Haus, zu zerstören.

Der rabiatfanatischste Faschist im Dorf, ein armseliger Lump namens Ernst Schlarb (im Dialekt *Schlarbewahner*) benötigte einige Zeit, um in der Umgebung genügend Verbrecher zu finden. Wir dachten schon; daß man uns vergessen hätte und daß uns in unserem pastoralen, bisher ruhigen Paradies nichts "Spontanes" passieren würde. Dieser Optimismus war ein Irrtum. Vergessen waren wir nicht. "Unser" Nazi brachte es doch so weit, ein Kommando aus Offenbach am Glan zu organisieren.

Nachdem unser Vater eingesperrt worden war, hatte Mutter befürchtet, daß "DIE KERLE", die Spontanen, vielleicht doch kommen würden. Sie bat mich, am Straßenfenster zu beobachten, ob etwas Außergewöhnliches geschehen sollte "DIE KERLE" kamen auf einem alten Lastwagen an und fragten, wo sich das Judenhaus befand. Eine Frau wies auf unser Haus hin.

Die Männer sprangen von dem Wagen, rissen unsere Fensterläden herunter und warfen damit die Scheiben ein. So drangen sie in unser Haus ein.

NOVEMBER 10, 1938 / KRISTALLNACHT

The thugs threw everything throwable to the street. As dusk fell, looters appeared. Our father's best friend from his days in the Imperial German Army, the local carpenter, Julius Klein, known as *Schreiner Klein*—posted himself in front of our house with the farmer's weapon of choice, his three-pronged pitchfork; he announced that anyone touching anything would find himself with a prong or two in his/her belly. He stood guard all night, ashamed, he said later, to be born German.

Our mother, who had sought refuge in nearby Kirn with her boys, returned in the morning and gave most everything away and arranged for the clean-up of the street. As mother could not prepare food for her meals, our next-door neighbors, the Franzmann family, whose son Rudolf had apprenticed in father's store, handed her some of their own home-cooked food over the back wall, hidden from view from the street. The house and its contents, including the store inventory, were sold for a token amount to a Nazi sympathizer from the nearby town of Bärenbach, a man named Bickler, who promptly moved into his new furnished house and took over the prosperous *J. Moritz* dry-goods store.

Per the sales contract, part of the purchase price "paid to the Jew" was to be remitted to the State, in payment of the damages wrought by the spontaneous mob; Bickler was, for his part, to pay to the State the difference between the agreed sales price and the true assessed value. Obviously being well-connected to those then in power, he saw no need to ever do so.

Le commando jeta ce qui n'était pas attaché par les fenêtres du premier étage. Le meilleur ami de notre père, depuis leur service militaire, Julius Klein, menuisier de son état, donc connu sous le sobriquet de *Schreiner Klein*, vint se planter devant la maison avec l'arme de toujours de la plèbe, la fourche à trois dents, et annonça à un quiconque que celui qui toucherait quoi que ce soit se trouverait avec trois dents de fourche dans le ventre. Il resta là toute la nuit, honteux d'être né allemand, dira-t-il plus tard.

Au matin, notre mère, qui avait été, avec ses fils, se réfugier chez nos cousins à Kirn, revint pour surveiller les dégâts et faire nettoyer la rue. Étant donné qu'elle ne pouvait se faire à manger dans cette maison sens-dessus sens-dessous, ce furent les Franzmann, nos voisins chrétiens, dont le fils Rudolf avait été en apprentissage chez notre père, qui passèrent des plats de leur dîner par dessus le mur mitoyen, hors des regards de la rue.

Il ne resta pas d'autre possibilité que de tout vendre—maison, magasin, mobilier, inventaire—à un certain Bickler du village voisin de Bärenbach, un membre du parti nazi, pour un vil prix de catastrophe. Nos parents durent verser la plus grande partie à l'État pour dédommager celui-ci des dégâts causés à la voirie, par les actes des "spontanés".

D'autre part, l'acheteur Bickler était sensé verser au Reich allemand la différence entre le prix de vente de misère et la valeur réelle ; ses amis étant au pouvoir, il n'en fit rien.

Alles, was nicht zu schwer war, wurde vom zweiten Stock, wo sich die Familienwohnung befand, auf die Straße geworfen. Als es Nacht wurde, kamen Plünderer, die das, was auf der Straße lag, stehlen wollten.

Der allerbeste Freund unseres Vaters, mit dem er in dem kaiserlichem Heer gedient hatte, Julius Klein (Schreiner Klein genannt), hatte sich mit der klassischen Waffe des Proletariats, einer Heugabel, vor das Haus gestellt und jedem, der versuchen wollte zu stehlen, angedroht, diese Heugabel in den Bauch zu stechen.

Er stand die ganze Nacht Wache, verschämt, als Deutscher auf die Welt gekommen zu sein, wie er später meinte.

Am nächsten Tag kam unsere Mutter aus Kirn zurück und verschenkte fast alles und sorgte dafür, daß die Dorfstraße gefegt wurde. Da sie in dem zerstörten Hause nicht kochen konnte, haben ihr unsere Nachbarn, die Familie Franzmann, durch den Hinterhof jeden Abend etwas zu essen gebracht.

Es blieb ihr nichts anderes übrig, als das Haus, das Geschäft und alles Drum und Dran für eine nominale Summe einem Herrn Bickler zu verkaufen.

Ein Teil des Kaufpreises wurde vom damaligen Reich als Judensteuer einbehalten, und das übrige wurde vom Käufer einfach nicht bezahlt. Nach dem verlorenen Krieg mußte Bickler 7000 Mark an den Deutschen Staat nachzahlen.

Father's true friend through thick and thin, Julius "Schreiner" Klein.
A "Just" amongst the less just.
Un seul "Juste"; Julius "Schreiner" Klein, un vrai ami pendant les temps durs.
Der einzige Gerechte: Julius "Schreiner" Klein. Einen treueren Kameraden gab es nicht.

Becherbach

Our father's best friend, a true friend through thick and thin, Julius "Schreiner" Klein, in crew-cut hair and "Imperial" mustache . . . a fine gentleman indeed.

Under his gentlemanly appearance he was, like his best friend Ludwig, a tough old bird, who did not suffer fools and did not allow the new masters of his Germany to push him around. His business suffered due to his uncompromising stand as he learned, the hard way, that "Might makes Right"

(I owe this photograph of this "one of the Just" to his grand-daughter, long after these events.)

Becherbach, Allemagne

Julius Klein, connu sous le sobriquet de *Schreiner Klein*, car il était *Schreiner* (menuisier) était l'ami fidèle de la famille Moritz. C'était un vieux de la vieille, un dur à cuire, qui ne se laissa pas intimider par les profiteurs du nouvel ordre. Les affaires de son atelier souffrirent de son intransigeance et il apprit, tout comme son ami Ludwig, que "la raison du plus fort est toujours la meilleure".

(Cette photo du "vrai Juste" de Becherbach m'a été remise par sa petite-fille, longtemps après ces événements.)

Herr Julius Klein, Vaters treuer Freund, war Schreiner und wurde deswegen selbstverständlich *Schreiner Klein* genannt. Genau so wie sein Freund Ludwig war er ein stolzer Herr der alten Schule, der wußte, daß Recht sein muß. Im Gegensatz zu vielen anderen machte er nicht mit, und sein Geschäft litt wegen seiner Kompromißlosigkeit. Er lernte auch, so wie sein Freund Moritz es gelernt hatte, daß "Macht macht Recht".

(Seine Enkeltochter, Frau Inge Kuhn, schenkte mir dieses Bild).

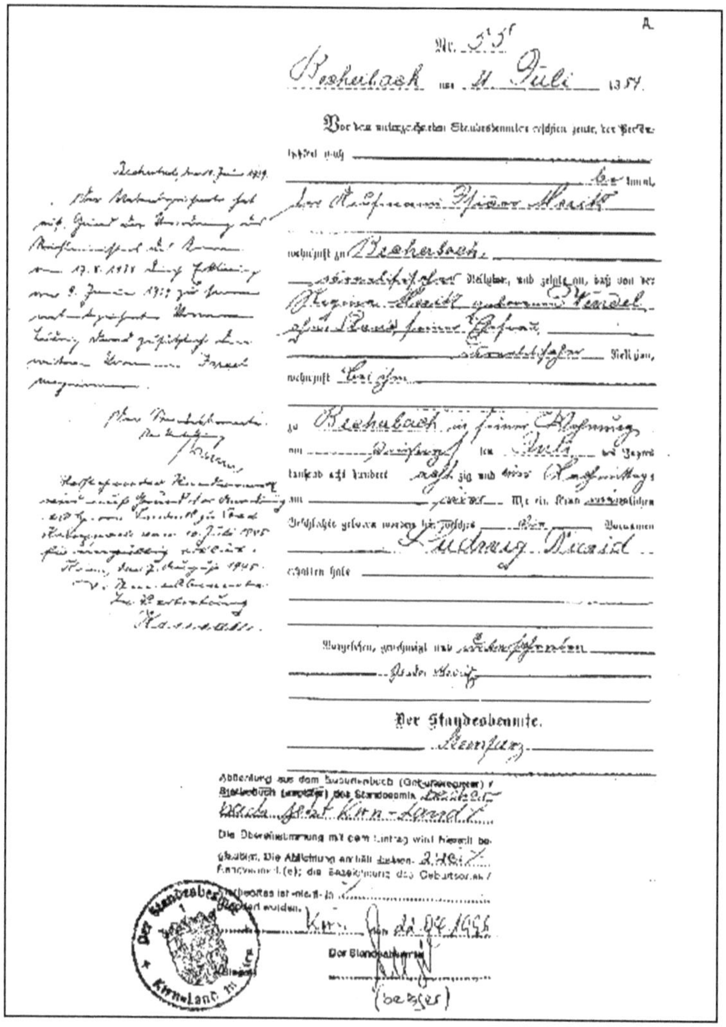

Vor dem unterzeichneten Standesbeamten erschien heute, der Persönlichkeit nach

Ludwig David

Vorgelesen, genehmigt und unterschrieben

Der Standesbeamte.

Die Übereinstimmung mit dem Eintrag wird hiermit beglaubigt.

Der Standesbeamte

(Berger)

On 1.10.1939 Ludwig David Moritz' birth certificate was amended to add the name "Israel". After the German defeat, this was declared "not valid" by a new entry dated 7.13.1945.

Le certificat de naissance de Ludwig David Moritz fut modifié par l'addition du nom "Israel" le 10.1.1939. La guerre perdue, cet avenant fut "invalidé" en date du 13.7.1945.

Die Geburtenbucheintragung für Ludwig David Moritz wurde am 10,1.1939 durch die Eintragung des zusätzlichen Vornamens "Israel" ergänzt. Diese Eintragung wurde 1945, nach Kriegsende, "für ungültig erklärt".

Becherbach

Rudolf Franzmann, our father's apprentice and protégé, with whom he went fishing on Sundays, became an educator and was, after his retirement, commissioned by the town fathers to research, and write, a town history. In the late 1990s, Rudolf graciously sent me a copy of both his works, *D.I.M. HONORATIO SANCTO ET SOLLEMNIAE IUSTE . . .* and *Durchgangstationen*, together with an effusive dedication to my parents, who had been so good and meant so much to him. It seems that the vanquished do, after all, rewrite History, as nary a mention is made in these Town Histories of the three centuries of presence, and demise, of the Moritz family, to whom he himself, and his ancestors, had been so close.

Bickler, suddenly a man of unexpected wealth and of self-anointed eminence, chose to call on father's farmer clientele in a fancy automobile. The "Isidorsch", father Isidor and son Ludwig, had moved about mostly on foot, in the same manner as their clientele. The farmers would have none of Bickler's "uppity" behavior and stopped buying from him. In a form of poetic justice, he was, in short order, out of business, but did manage to have the ground floor of our house—the "Isidorsch" house—turned into the local Post-Office, thus assuring him a modest income.

After his war had been lost and his friends were out of power, Bickler's heirs were forced to pay the difference between the sales price agreed upon under duress and the true market value, to the new German State.

Rudolf Franzmann, l'apprenti et protégé de Papa que celui-ci avait aidé à sortir de son milieu paysan, devint directeur d'école; retraité, il rédigea, à la demande des élus communaux, deux volumes d'Histoire de la commune. Il me les fit parvenir en 1999, dédicacés à mes parents, auxquels il devait tant. Quelle ne fut ma surprise de constater qu'il avait tout simplement "oublié" de mentionner les trois siècles de présence de la famille Moritz en ces lieux; il lui sembla également bon de passer les circonstances de leur départ, dont le village entier fut témoin, sous silence. Il semblerait donc que les vainqueurs ne sont pas les seuls à récrire l'Histoire.

Les dieux firent en sorte que le nouveau-riche Bickler fit promptement faillite; il avait vu trop grand et mal jugé ses compatriotes ; les fermiers des alentours virent d'un mauvais oeil ce nouveau venu se promener en voiture, alors que les "Isidorsch" père et fils, tout juifs qu'ils étaient, avaient de tous temps été des leurs, se déplaçant comme eux, en vélo ou à pied.

Il s'arrangea, une fois en faillite, pour convertir une partie du rez-de-chaussée en bureau de Poste, ce qui lui assura, par la suite, un revenu de misère.

Les héritiers Bickler, revenue la Démocratie, furent contraints à verser la sous-value impayée au nouvel État.

Sic transit gloria—ainsi finissent les beaux jours—pour certains.

Die Götter, die doch manchmal aufpassen, bestimmten, daß der Käufer, Herr Bickler, sofort sich groß tat, jetzt da er auf einmal ein "angesehener" Bürger wurde; er fuhr mit einem Auto auf die Bauernhöfe—er, ein Mitglied der neufantasierten Meisterrasse, stand selbstverständlich nicht um vier Uhr morgens, sommers und winters, auf und ging nicht zu Fuß oder fuhr per Fahrrad, wie die Ackersleute oder Vater, Isidorsch Ludwig, es taten.

Diese Wichtigtuerei von solch einem Emporkömmling hat den Bauern nicht gefallen, und sie haben nichts bei ihm gekauft. Es dauerte nicht lange, bis er pleite war, obwohl er später behauptete—laut der Frau des neuen lutherischen Pfarrers—daß der Jud an der Pleite schuld war, weil er, Bickler, als Christ ja selbstverständlich nicht das Geschäft sonntags öffnete. Vaters Lehrling, Rudolf Franzmann, später Schuldirektor, erinnerte sich aber, daß er sonntags mit Vater Forellen in die Becherbacher Bach fischen ging und daß das Geschäft geschlossen war.

Nachdem das Geschäft nicht mehr ging, diente das Grundgeschoß unseres Hauses eine Zeitlang als Post, so daß er doch ein bescheidenes Einkommen hatte.

Sic transit gloria, meinten die Altrömer, "so gehen die schönen Zeiten vorbei".

To Luxemburg

The boys were immediately taken to a safe haven in Luxemburg.

Notre oncle fit prendre les garçons et emmener à l'abri au Luxembourg.

Die Buben wurden sofort nach Luxemburg in Sicherheit gebracht.

Kirn/Nahe Esch s/Alzette (Luxemburg)

A few days after the Pogrom, the husband of father's sister Antoinette, our beloved uncle Hermann Wolf from Luxemburg, sent his driver, Mr. Brix, in the enormous American Chevrolet limousine, to bring the two boys to safety. Uncle Hermann had enough influence so that the relevant administrative and immigration formalities for the boys were formalized retroactively, "post facto".

Kurz nach dem November-Pogrom schickte unser Onkel Hermann Wolf von Esch an der Alzette im Großherzogtum Luxemburg seinen Chauffeur, Herrn Brix, mit dem großen Chevrolet Luxusauto, um die zwei Buben, Alfred und Ernst, abzuholen und in Sicherheit zu bringen. Unserem Luxemburger Onkel Hermann war es möglich, "Details" wie z.B. Immigrationsformalitäten, rückwirkend regularisieren zu lassen.

Quelques jours après le Pogrome de Novembre, notre oncle luxembourgeois, Hermann Wolf, envoya son chauffeur, un Mr. Brix, avec la grosse américaine, la belle limousine Chevrolet, prendre les deux garçons afin de les mettre à l'abri chez lui, à Esch sur Alzette, au Grand Duché du Luxembourg. Les formalités administratives et d'immigration furent réglées par la suite, rétroactivement.

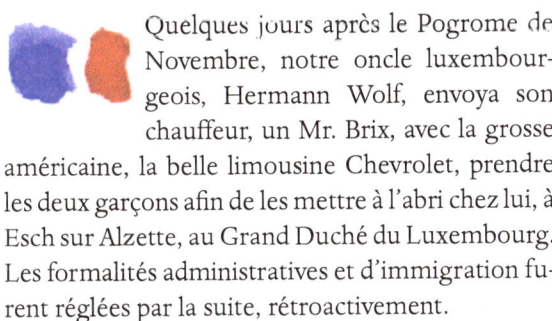

Luxemburg

With a house full of his wife's German relatives, our favorite uncle Hermann Wolf kept his usual equanimity and continued to be his kind self; however, two constantly rambunctious brothers were a bit much in this now overcrowded household. Alfred was thus dispatched to the "Pension Grosser" in St. Germain-en-Laye, near Paris, in the company of his two French cousins, another Alfred Moritz and cousin Georges, until the start of classes.

A third Alfred Moritz, son of grandfather Isidor's brother August, had taken advantage of the turn-of-the-Century liberalization in Germany, completed medical studies and opened a practice in Berlin. Like many others, he perished in the Auschwitz Death Camp.

Quoique sa maison fut remplie des parents allemands de sa femme fuyant les atrocités nazies, notre oncle Hermann Wolf ne se départit jamais de son calme, de sa gentillessc et de sa bonne humeur. Toutefois, la présence de deux jeunes enfants, se querellant sans cesse, avait dû finalement venir à bout de son calme, en cette maison surpeuplée et je fus envoyé à la pension Grosser à St. Germain-en-Laye, près de Paris, avec mes cousins, Georges et son frère, un autre Alfred Moritz, jusqu'à la rentrée des classes.

Un troisième Alfred Moritz, fils de August et neveu de grand-père Isidor, sut prendre avantage des nouvelles libertés de la fin du siècle et devint médecin. Il ouvrit un cabinet dans la capitale, Berlin, mais, ainsi que tant d'autres, périt en l'usine de la mort que fut le camp de Auschwitz.

Unser Lieblingsonkel Hermann Wolf hatte das Wohnhaus voll mit Flüchtlingen aus Deutschland, hauptsächlich mit Verwandten seiner Frau, unserer Tante Toni. Bei dem vielen Radau und der Zankerei der feindlichen Brüder Alfred und Ernst verlor er nie die Ruhe und verwöhnte uns, als ob wir seine eigenen Kinder gewesen wären. Um ein bißchen Ruhe im Haus zu haben, wurde ich nach Paris geschickt, wo ich mit meinen Cousins Georg und seinem Bruder, auch ein Alfred Moritz, in die Pension "Grosser" in St. Germain-en-Laye in der Nähe von Paris kam, bis die Schule in Esch anfing.

Ein dritter Becherbacher Alfred Moritz, Sohn des in Kaiserslautern ansässigen August, brachte es soweit, wegen der Jahrhundertwechsel-Liberalisierung, Medizin zu studieren, und eröffnete seine eigene Praxis in der Hauptstadt Berlin. Wie viele andere kam auch er in der Vernichtungsfabrik Auschwitz um.

ST GERMAIN EN LAYE near Paris, France.
Alfred joined his cousins in this lovely boarding house.
On m'envoya en pension, avec mes cousins, chez Mme. Grosser.
Ich kam in dieses schöne Pensionat in der Nähe von Paris.

ESCH s/Alzette-Luxemburg.
Ernst (6) and Alfred (8).

Ernst and I were delighted to be reunited when I returned to Esch in early 1939; I was enrolled at the local "Brill" Grammar School. The teacher did not have kind feelings towards this Jewish foreigner and never missed an occasion to use the bow of his violin on my backside—a spectacle which the local kids found entertaining.

I never complained to my parents as I sensed, already at age 9, that they had more important problems.

Les frères "ennemis" furent enchantés de se retrouver à Esch début 1939; on m' envoya à l'école "Brill" où le maître ne se gêna pas pour immédiatement mettre ce petit juif étranger au diapason en le battant régulièrement avec une arme de choix, un vieil archet de violon; mes petits camarades luxembourgeois trouvaient ce spectacle particulièrement drôle.

Je ne me plaignis jamais à mes parents car, même à l'âge de neuf ans, je sentais que nos parents avaient d'autres chats à fouetter.

Die Brüder freuten sich trotz allem in Esch wiedervereint zu sein. Alfred wurde in die "Brill"-Schule geschickt, wo der Lehrer sich nicht genierte, diesem ausländischen Juddebub zu zeigen, wer in diesem Lande der Herr sei; er schien ganz besonders Spaß daran zu haben, mich mit seinem Geigenbogen zu traktieren, was die dortigen Schüler ganz besonders lustig fanden.

Nicht ein einziges Mal habe ich mich bei meinen Eltern beschwert, weil ich damals schon wußte, im Alter von neun Jahren, daß sie andere, wichtigere Sorgen hatten als meine kleinen Wehwehchen.

tageblatt

10. Mee 1940

D'Preise sin do!

War & Exodus

I have issued the command—and I'll have anybody who utters but one word of criticism executed by firing squad–that our war aim does not consist in reaching certain lines, but in the physical destruction of the enemy. Accordingly I have placed my death's-head formations in readiness—for the present only in the East—with orders to them to send to death mercilessly and without compassion, men, women, and children of Polish derivation and language. Only thus shall we gain the living space (Lebensraum) which we need. Who after all, speaks today of the annihilation of the Armenians?" (Hitler, August 22, 1939)

In September 1939 Nazi Germany marched into Poland; the Polish cavalry was no match for the German tanks. In view of the existing mutual assistance treaties in force between Poland and England and France, a state of war thus existed between Germany, on the one hand and Britain and France on the other—a period known as "the phony war", as hardly a shot was fired once Poland had surrendered.

Suddenly, on May 10, 1940, Germany invaded the neutral Low Countries, now known as Benelux, and marched into France.

GUERRE ET EXODE

"J'ai donné l'ordre—et quiconque osera prononcer une seule parole critique à cet égard se retrouvera devant un peloton d'exécution—que notre objectif de guerre n'est pas une ligne quelconque, mais la destruction physique totale et complète de l'ennemi.

Avec cet objectif en vue, j'ai mis mes formations S.S. 'Tête de Mort' sur le pied de guerre—pour l'instant uniquement dans les pays de l'Est—avec des ordres d'envoyer à la mort, sans pitié et sans compassion, hommes, femmes et enfants de descendance ou de langue polonaises. C'est seulement ainsi que nous gagnerons l'espace vital (le *Lebensraum*) dont nous avons besoin.

Qui, après tout, parle encore de l'annihilation du peuple arménien?" (Discours Hitler 22 Août 1939)

L'Allemagne nazie entra en Pologne sans provocation en Septembre 1939, déclenchant ainsi, du fait de traités d'assistance mutuelle, la Seconde Guerre Mondiale, quoique, pendant un certain temps ce fut "La drôle de Guerre" car pratiquement aucun coup de fusil ne fut tiré sur le front Ouest.

KRIEG und FLUCHT

Ich habe den Befehl gegeben—und jeder, der es wagt, ein einziges Wort dagegen zu äußern, wird sofort erschossen—daß unser Kriegsziel nicht die Eroberung gewisser Grenzen, sondern die totale Vernichtung des Feindes ist. Mit dieser Absicht habe ich meine Totenkopf formationen bereit gestellt—augenblicklich nur im Osten—mit dem Befehl, die Bevölkerung polnischer Abstammung und Sprache, ob Männer, Frauen oder Kinder, zur Vernichtung ohne Gnade zu schicken. Nur in dieser Weise gewinnen wir den Lebensraum, den wir brauchen. Wer redet heute noch von der Vernichtung der Armenier? (Hitlerrede 22. August 1939)

Anfang September 1939 marschierten die Deutschen in Polen ein. Die tapfere polnische Kavallerie konnte nichts gegen die deutschen Panzertruppen ausrichten. Polen hatte Verteidigungsverträge mit England und Frankreich, also waren diese zwei Länder automatisch mit im Krieg auf der Seite Polens. Dieses erste Jahr des Krieges wurde als der "drolle Krieg" bezeichnet, weil fast nichts im Westen geschah.

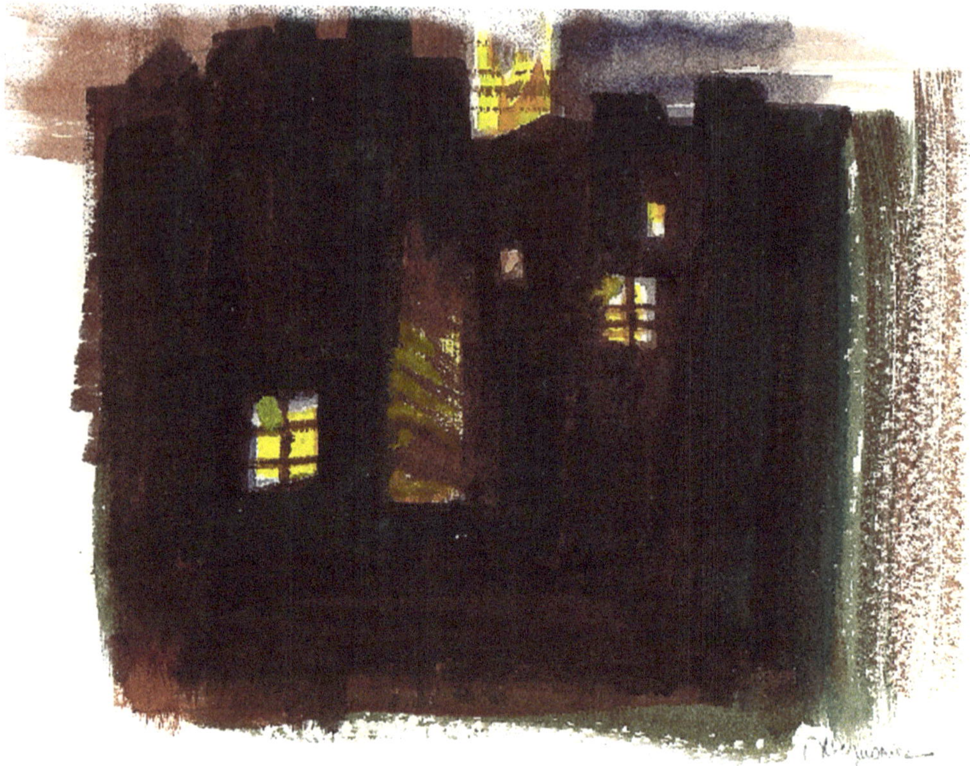

May 10, 1940

During the pre-dawn hours of this historic day, our widowed aunt Alma, another sister of our father's, who had fled her home in Boppard-on-the-Rhine, ran screaming thru the house; having misplaced her dentures, she was not intelligible. In short order, it became obvious that her distress had been due to our being under attack by German Stuka dive-bombers.

Ernest and I were travel-ready in a jiffy, as our father had taught us to pack our backpacks every night, "just in case". As we stood in front of the Wolf-Moritz house on the rue de Prés in Esch sur Alzette, we noticed that most locals did not seem to have any intention of fleeing; they stood in their doorways and commented on those two sweet little refugee kids with their cute back packs.

Later, they were also forced to evacuate this border town.

Soudain, le 10 Mai 1940, les Allemands attaquèrent et envahirent la Hollande, la Belgique, le Luxembourg—tous pays neutres—et la France.

Avant l'aube de ce jour historique, notre tante Alma, également réfugiée chez son beau-frère au Luxembourg, courut de par la maison en criant à tue-tête, en émettant des sons gutturaux mais incompréhensibles, car elle avait oublié de mettre son dentier.

Il s'avéra immédiatement que ce qui l'avait tant choquée était le fait que cette ville-frontière avait été choisie comme cible par un vol de bombardiers de chasse allemands «Stuka».

Ernest et moi fumes prêts à déguerpir en un tournemain, car notre père nous avait enseigné à faire nos sacs à dos tous les soirs, «juste en cas».

L'arrivée de l'ennemi ne sembla pas troubler tous les autochtones, car certains nous observaient avec curiosité du haut de leurs balcons.

Par la suite, la plupart furent également forcés d'évacuer cette ville-frontière.

Am zehnten Mai 1940 überrannten die Deutschen plötzlich Holland, Belgien, Luxemburg und Frankreich. Am frühen Morgen dieses historischen Tages rannte unsere Bopparder Tante Alma Meyer, eine der deutschen Flüchtlinge, schreiend durch das Haus. Niemand konnte sie verstehen, denn sie hatte in der Eile ihre falschen Zähne vergessen. Es stellte sich aber bald heraus, daß deutsche Stukas diesen Grenzort bombardierten und unsere Tante nur vor ihnen warnen wollte.

In einem Augenblick waren wir reisefertig, denn Vater sorgte dafür, daß wir immer unsere kleinen Rucksäcke fix und fertig gepackt hatten.

Nicht alle Luxemburger fanden den Einmarsch deutscher Truppen bedrohlich; sie standen herum und schauten ungerührt zu, wie die zwei goldigen Buben da vor der Tür, bei Wolf-Moritz an der Wiesenstraße, mit ihren kleinen Rucksäcken standen. Später wurden fast alle Einwohner dieser Grenzstadt auch evakuiert.

MAY 10, 1940 EXODUS.
The Germans bomb columns of civilian refugees.
Les Allemands bombardent et tirent sur les convois de réfugiés.
Die Luftwaffe schießt auf Flüchtlinge.

Our host, our uncle Hermann, was vacationing in a Belgian Spa when the Germans invaded Luxembourg; thus, our father commandeered the Wolf family car, with our twenty-five-year old cousin René Wolf in the driver's seat and organized our flight towards France as part of an unending column of refugees, on foot, bicycle, automobile or horse or cow-drawn carriage.

After a day of stop-and-go driving through, and with, a horde of humanity fleeing the German invasion, we arrived in the town of St. Mihiel where, in view of the German bombardments, we were allowed to stop overnight in the wine-cellars of a hotel.

Notre père réquisitionna la voiture "grand luxe" de son beau-frère Hermann Wolf—lequel avait eu le mauvais heur de partir en villégiature en Belgique—et y installa sa famille et sa soeur veuve Alma Meyer; notre cousin René Wolf au volant, nous nous joignirent à une longue colonne de réfugiés—qui à pied, qui en voiture, qui sur une carriole attelée.

Après une journée pendant laquelle nous avancions pratiquement au pas, nous sommes arrivés à St. Mihiel, en France, où, du fait des bombardements allemands, on nous laissa passer la nuit dans les sous-sols de l'hôtel Rollot.

Vater machte aus dem wunderschönen Chevrolet seines Schwagers Hermann Wolf ein Rettungsauto, denn unser Onkel Hermann hatte gerade diese Zeit ausgewählt, um nach Belgien zur Kur zu fahren.

Unser Cousin René Wolf fuhr los in Richtung Frankreich durch einen Exodus von Menschen, die zu Fuß, auf Fahrrädern, in motorisierten Fahrzeugen oder mit sonstigen Wagen nach Süden flüchteten.

Nach dem ersten Tag unserer Flucht durften wir alle in dem Keller eines Hotels in St. Mihiel, von den Bomben geschützt, übernachten.

NEVERS May 1940

Father is arrested at a French roadblock as an "enemy alien".
Papa est arrêté par les gendarmes en tant que ressortissant ennemi.
Vater ist als feindlicher Ausländer verhaftet.

The roads from Luxembourg to Southern France were clogged with fleeing refugees. In Nevers our car was stopped at a roadblock set up by a complement of French gendarmes and our father was taken away as an "enemy alien", notwithstanding pleas that his brother Jakob—now Jacques—was at this very moment serving in the French Army, a patriotic duty from which these stalwarts were apparently exempted.

The explanation that Ludwig Moritz was not an enemy alien, but a stateless refugee from Luxembourg, did not sway these upholders of the Law. Our cousin René Wolf, being a Luxemburg citizen, was not apprehended and was thus in a position to drive on, with his four passengers, to the home of our uncle Jacques in Issoudun, in Central France.

Les routes depuis la frontière luxembourgeoise vers le Sud étaient congestionnées d'une marée humaine—d'un exode—en un flux ininterrompu de réfugiés, de voitures et de véhicules militaires. A Nevers, un barrage de gendarmes vérifia les papiers de ces miséreux venant d'ailleurs.

Notre père, "ressortissant d'un pays ennemi", fut emmené malgré ses protestations qu'il était apatride résidant au Grand-Duché et que son frère Jacques, citoyen français, servait la France en ce moment-même. Rien n'y fit et ces sbires qui, eux, étaient exempts de service au front, l'embarquèrent sous les regards anxieux de son épouse et de ses deux fils.

Étant luxembourgeois, notre cousin René ne fut pas inquiété et il put ainsi continuer son chemin et conduire ses quatre passagers chez notre oncle Jacques, à Issoudun en Berry.

Die Landstraßen von Luxemburg in Richtung Süden waren mit einer fliehenden Menschenmenge verstopft. In Nevers wurden alle Pässe von der Gendarmerie untersucht; prompt wurde unser Vater als feindlicher Ausländer festgenommen und weggeführt.

Es half nicht, daß erklärt wurde, daß sein Bruder Jacques in diesem Moment im französischen Heer diente und daß laut seiner Papiere Vater nicht Deutscher, sondern staatenloser Flüchtling aus Luxemburg sei. Cousin René wurde, als Luxemburger, nicht verhaftet und sein Auto nicht beschlagnahmt.

GENDARMERIE NATIONALE

3e LÉGION
COMPAGNIE de la Nièvre
ARRONDISSEMENT
SECTION de Nevers
BRIGADE de Nevers
N° de la brigade 604
Du 14 Mai 1940
PROCÈS-VERBAL CONSTATANT Remise à l'autorité militaire du sujet allemand Moritz Isidor
1re EXPÉDITION

Aujourd'hui Quatorze Mai mil neuf cent quarante à dix heures
Nous, soussignés Chaty Jules et Jaubert, René
gendarmes à la résidence de Nevers département de la Nièvre, revêtus de notre uniforme et conformément aux ordres de nos chefs. Rapportons ce qui suit : de service à la résidence et vérifiant les pièces d'identité des réfugiés Luxembourgeois de passage à Nevers, nous avons constaté que le nommé était détenteur d'un passeport, 1° délivré par les autorités allemandes à Becherbach le 24 Janvier 1939, au nom de Moritz, Ludwig, David, Israel né le 20 Juillet 1884 à Becherbach (Allemagne) profession commerçant.
2° d'une carte d'identité délivrée à Becherbach le 15 avril 1933.
3° d'une nouvelle carte d'identité délivrée le 9 Janvier 1939, à Becherbach.
4° d'une déclaration d'arrivée d'un étranger sur le territoire Luxembourgeois, délivrée à [illegible] le 31 Janvier 1939.
En conséquence, nous l'avons mis dans l'impossibilité de continuer sa route et avons remis entre les mains du Commandant d'Armes de la Place de Nevers.
Deux expéditions { 1° à Monsieur le Colonel, Commandant d'Armes à Nevers. 2° aux archives.
Fait et clos à Nevers, les jour, mois et an que dessus

NOTA. — Lorsqu'il y a lieu de donner un supplément il est placé à la suite du procès-verbal après les signatures.

Police booking minutes (*Procès-verbal*) dated May 14, 1940 issued in Nevers (France) and remanding our father from the arresting Highway Patrol—the *Gendarmerie Nationale*—to the Military.

The following documents were presented by MORITZ, Ludwig David Israel:

— identity card issued Becherbach 15 April 1933;
— "new" identity card issued Becherbach 9 January 1939;
— German passport issued Becherbach January 24, 1939;
— entry document to Luxemburg dated 31 January 1939.

Whereas MORITZ, Ludwig David Israel is arrested, a certain MORITZ "Isidor" (?sic) is recorded as having been turned over to the Military.

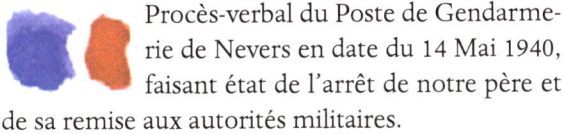

Procès-verbal du Poste de Gendarmerie de Nevers en date du 14 Mai 1940, faisant état de l'arrêt de notre père et de sa remise aux autorités militaires.

Le document indique que le dénommé MORITZ, Ludwig David Israel est déteneur des documents suivants:

— carte d'identité délivrée à Becherbach le 15 avril 1933
— nouvelle carte d'identité datée du 9 janvier 1939
— passeport allemand daté du 24 janvier 1939
— déclaration d'arrivée au Luxembourg du 31 janvier 1939.

A noter que le dénommé MORITZ Ludwig David Israel est arrêté par la maréchaussée, mais c'est "le sujet allemand Moritz "Isidor" (?sic) qui est remis à l'autorité militaire."

Polizeiprotokoll der fr. Gendarmerie in Nevers, vom 14, Mai 1940. Vater wurde hier festgenommen und an die Militärbehörde übergegeben.

Das Dokument gibt an daß "Moritz Ludwig David Israel" folgende Dokumente bei sich hat:

— Ausweis, ausgestellt Becherbach am 15 April 1933
— Neuer Ausweis, Becherbach, datiert 9 Januar 1939
— Deutscher Pass, Becherbach, datiert 24 Januar 1939
— Eingangsdeklaration Luxemburg datiert 31 Januar 1939.

Komischerweise, wird der genannte MORITZ Ludwig David Israel festgenommen und ein sogenannter MORITZ Isidor der Militärautorität übergegeben.

SAINTE LIZAIGNE (INDRE) FRANCE

Mother immediately took advantage of an offer of shelter made by two kind souls, the misses Hélène and Marthe Foerster, saintly unmarried retired schoolmistresses, who gave the three of us shelter in their lovely house in the nearby village of Sainte Lizaigne.

Their kindness gave us again some confidence in human goodness. Whenever the ladies asked for quiet to listen to classical music while having afternoon tea, we left the house to get into fights with local kids, our future best friends. Ste. Lizaigne became our new home and, just as in Becherbach, absolutely everyone knew the two blond brothers, forever busy hither and yon, in the fruit orchards, the strawberry patches, the fields or simply accompanying a plowman and his horses or our new best friend "Mousse", the poacher. Quite naturally, from then on, little Ernst became known as Ernest.

Notre mère accepta sur le champ l'offre d'hébergement des deux soeurs Foerster, de sainte mémoire, les demoiselles Marthe et Hélène, qui nous accueillirent gentiment en leur superbe maison dans le village de Sainte-Lizaigne, à quelques 10km de là.

Leur gentillesse et leur générosité nous redonnèrent une certaine confiance en la gent humaine. Ces dames aimaient écouter un concert l'après-midi en prenant le thé; ainsi, nous deux avions des instructions de nous tenir bien tranquilles, une occupation difficile, sinon impossible, à l'âge de huit et dix ans. Nous sortions donc devant la maison pour, aussitôt, nous trouver au beau milieu d'une bagarre de gosses—de gosses qui devinrent—et son—nos meilleurs amis.

Bientôt, tout comme à Becherbach, tout le village, notre nouvelle patrie, connut les deux blondinets qui couraient après les chiens et de par les prés et les vergers et surtout les bois, avec notre nouveau meilleur ami "Mousse", le braconnier. Par la même et tout naturellement, "der kleine Ernst" devint le petit Ernest.

Mutter nahm eine Unterkunftsofferte bei zwei Jungfern sofort an; also ließen wir uns bei den *demoiselles* Marthe und Hélène Foerster nieder, die aus der Güte ihrer Herzens diese drei Wanderer in ihrem wunderschönen Haus, in dem naheliegenden Dörfchen Ste. Lizaigne, beherbergten.

Wir zwei Buben sollten nachmittags ruhig scin, während die Damen klassische Musik spielten; stattdessen gingen wir heraus auf die Straße, wo wir uns sofort mit kleinen Franzosen, später lebenslange Freunde, zankten.

Das Dörfchen wurde unsere neue Heimat und, genau wie in Becherbach, kannte bald jeder die zwei blonden Bübchen, die dauernd unterwegs waren, entweder auf den Feldern oder mit unserem neuesten Freund "Mousse", dem Wilddieb. Aus dem kleinen Ernst wurde natürlich "le petit Ernest".

CAMP-LES MILLES
near Aix en Provence, France

Father is held at this horrid former tile factory.

Notre père est interné en cette ancienne tuilerie désaffectée.

Vater wird in dieser Ziegelfabrik interniert.

Our father was interned in this former tile factory where, he reported, conditions were, in certain respects, worse (if that was possible) than they had been at the Dachau Concentration Camp in Germany. Matters were made worse by the red brick dust which covered everything. In July 1940, after the surrender of France to Germany and the German occupation of half of the country, the French Parliament voted all powers over to the 84-year old World War I hero, Marshall Philippe Pétain. In October 1940, the Germans unilaterally shipped the total Jewish population of several southern German provinces to France, where they were interned in these same makeshift camps at Gurs, Les Milles and Rivesaltes close to the Pyrenees where they had previously held, in equally primitive conditions, the vanquished patriots of the fratricidal Spanish Civil War between the International Legions—on the side of the Republic—and the fascists of the *Caudillo* Francisco Franco.

Postwar eyewitness reports confirmed that, considering the number of detainees, these camps were totally unorganized—without adequate food, bedding, sanitary facilities or drinking water. A great number of the older folk died in the first few weeks while those survivors, including several thousand Spanish Republicans, who had not found a way to either escape or be released were deported, starting in the fall of 1942, to the death camp of Auschwitz-Birkenau.

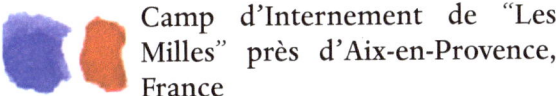

Camp d'Internement de "Les Milles" près d'Aix-en-Provence, France

On interna notre père en cette tuilerie dans laquelle les conditions de détention étaient, d'après notre père, encore pires—si cela était possible—que celles qu'il avait subies en l'infâme Dachau, en Allemagne; les miséreux étaient vite recouverts d'une couche de poudre rouge, omniprésente, restes de la tuilerie désaffectée.

Après une courte débâcle, la France signa un armistice suivant les termes duquel la moitié nord serait occupée par les Allemands. On donna au héros de Verdun, le Maréchal de France Philippe Pétain de 84 ans, les pouvoirs plénipotentiaires.

En Octobre 1940, les Allemands envoyèrent les populations juives du Sud de leur pays, sans préavis aucun, en France. Ces pauvres gens furent internés dans ces camps infects de Gurs, Rivesaltes et Les Milles, en lesquels avaient également été internés, en ces mêmes conditions inhumaines, les survivants de la fratricide Guerre Civile espagnole, ceux des brigades internationales qui avaient fait de leurs mieux pour défendre leur République des fascistes du futur *Caudillo* Francisco Franco.

Des rapports d'après-guerre confirmèrent que ces camps sous la garde "je m'en fouttiste" de gardes-chiourmes ardéchois, étaient désorganisés au possible. Il y manquait nourriture, une literie autre que la paille pleine de vermine, eau potable et sanitaires adéquats vu le nombre de détenus. Un grand nombre de détenus—les personnes âgées pour la plupart, ne purent survivre ces premiers mois de misère et rendirent l'âme. Les autres—ceux qui n'avaient pu ni s'échapper ni obtenir un visa d'entrée quelque part, y compris des milliers de Républicains espagnols, furent déportés en automne 1942 au camp de la mort de Auschwitz-Birkenau, via le camp de rassemblement de Drancy, en région parisienne.

Internierungslager Les Milles bei Aix/Provence, Frankreich 1940–1941

Unser Vater wurde zu dieser früheren Ziegelfabrik, wo noch alles mit rotem Ziegelpuder bedeckt war, geschleppt. Er meinte, daß die dortigen Verhältnisse noch schlimmer waren in mancher Hinsicht als die, die er in Dachau erlebt hatte. Mitte 1940 wurde zwischen Frankreich und Deutschland ein Waffenstillstand vereinbart; danach wurde Nordfrankreich deutsches Besatzungsgebiet, und der 84-jährige Marschall Pétain wurde Staatschef. Oktober 1940 schickten die Deutschen ihre Juden aus der Pfalz und Baden plötzlich nach Frankreich, wo sie sofort in gleichfurchtbaren Lagern, in Rivesaltes und Gurs, in der Nähe der Pyrenäen interniert wurden. In diesen Lagern waren auch Überlebende der "Internationalen Legionen" die im spanischem Bürgerkrieg auf der Seite der gefallenen Republik gegen die Faschisten des *Caudillos* Francisco Franco vergebens gekämpft hatten Nachkriegsrapporte bestätigten, daß diese Lager absolut unorganisiert waren und daß die Gefangenen einfach auf dem Boden auf Stroh schlafen müßten, ohne genügend Essen, Trinkwasser und Aborte.

STE-LIZAIGNE (INDRE) FRANCE June 1940

War followed us to this peaceful hamlet in Central France—la France Profonde—as Italy entered the war on the side of Germany and showed its mettle by bombing the local rail line and, of course, missing by a mile. The bombs made a crater which, for the next fifty years, became the delight of local waterfowl. A piece of shrapnel fell near the spot where the Moritz brothers were standing, watching the spectacle. We picked it up—it was red hot.

La guerre ne nous lâcha pas pour autant, nous poursuivant même jusqu'en ce village paisible de la France Profonde; l'Italie entra en guerre, alliée à l'Allemagne, et démontra son savoir-guerroyer en faisant de son mieux pour jeter quelques bombes du côté de la gare de Ste-Lizaigne, évidemment manquant la cible. Les bombes créèrent néanmoins deux cratères dans la prairie voisine; bientôt remplis d'eau de pluie, ils firent, pendant des années, le bonheur des palmipèdes berrichons.

Nous regardions ce spectacle depuis le jardin des Demoiselles, lorsqu'un morceau d'obus tomba près de nous. Nous l'avons ramassé—il était chaud à blanc.

Der Krieg folgte uns bis in diese ruhige Gegend im Herzen Frankreichs, indem Italien auch ein Belligerant wurde an der Seite des Reiches; die Italiener wollten sofort dem Führer zeigen, was auch sie konnten, und warfen ein paar Bomben in Richtung des örtlichen Bahnhofs—selbstverständlich nebenan.

Die Bomben hinterließen trotzdem zwei Krater in der nebenliegenden Wiese; die örtlichen Gänse und Enten fanden diese neuen italienischen Teiche geschmackvoll und gutschmeckend.

Ein Stück Schrapnell fiel dort, wo wir diese Art Feuerwerk beobachteten; wir hielten es in der Hand—es war rotglühend.

Sainte-Lizaigne

—Peaceful central France—

—La France paisible, la France profonde—

—Das schöne friedliche Frankreich—

SOUVENIR SCOLAIRE

SAINTE
LIZAIGNE (Indre)
France

June 1940

We went to the local Grammar School.
Élèves de l'École Communale.
Unsere Schule, die Dorfschule.

Although the school year was almost over, the former schoolteachers in whose house we lived, the misses Hélène and Marthe Foerster, made sure the boys immediately attended the village Boys' Grammar School, where Mrs. Antoinette Prot, in spite of our inability to communicate, made us immediately feel welcome—a far cry from the corporal punishment meted out freely by the mean teacher in Luxembourg. Shortly after our arrival, France having signed an armistice with Germany, Mr. Raymond Prot, her husband, returned from military service and resumed his teaching duties and role of headmaster. They helped us come to grips with the new language in short order, through intense reading of children's books, starting with *Alice au Pays des Merveilles . . . Alice in Wonderland* and ending with the adventure fantasies of Jules Verne and the gripping epics of Alexandre Dumas, by far my favorite.

We mastered the language in no time, and it is thanks to this wonderful couple that, after not quite two years under their tutelage, no one ever questioned the French citizenship shown in our false identification papers. However, although we always politely greeted the priest with the appropriate "'jour'sieu'l'curé", we immediately did stand out by not attending the weekly Catechism classes at the Catholic Church next to the school; but, no matter, no one seemed to care.

A notre arrivée à Sainte-Lizaigne, vers la fin de l'année scolaire, nos hôtesses, les demoiselles Foerster, institutrices en retraite chez lesquelles nous habitions, nous envoyèrent immédiatement à l'École Primaire où Madame Antoinette Prot, institutrice, nous traita, malgré notre ignorance de la langue du lieu, comme un chacun.

Les hostilités terminées, son mari, Monsieur Raymond Prot, rentra du front et repris "la classe des grands" dont Alfred, tandis que son épouse reprit "la classe des petits" où le petit Ernest en tomba follement amoureux.

Ces deux éducateurs d'un autre âge étaient dévoués à l'avancement culturel de leurs charges—un comportement tout autre que celui que j'avais connu sous l'archet de violon du sadique à l'École Brill à Esch.

Nos lectures commencèrent avec *Alice au Pays des Merveilles*—livre placé en haut à gauche dans l'armoire—se terminant avec les "Jules Verne", en bas à droite. Ces deux pédagogues nous firent aimer la lecture et c'est en un rien de temps que nous sommes devenus presque des liciniens—des autochtones de Ste-Lizaigne; l'important fut que, par la suite, lorsque cela compta vraiment, personne ne douta jamais de notre soi-disant origine berrichonne.

Nous nous fîmes toutefois remarquer en n'allant pas à la cure voisine pour les leçons hebdomadaires de catéchisme catholique. Néanmoins, nous faisions bien attention de marmonner le "'jour'm'sieu'l'curé" réglementaire en croisant l'homme d'église.

Als wir in Ste. Lizaigne ankamen, schickten uns, obwohl das Schuljahr fast zu Ende war, die beiden Jungfern—die *Demoiselles* Foerster, die ja schließlich einst Schullehrerinnen waren—sofort in die Dorfschule. Dort empfing uns Frau Antoinette Prot, die Lehrerin, die uns willkommen hieß, ohne daß wir ein einziges Wort der dortigen Sprache verstanden.

Ein paar Tage später kam ihr Ehemann, Herr Raymond Prot, der Lehrer, von seinem Wehrdienst zurück und bemühte sich, als Spezialprojekt, uns die schöne französische Sprache beizubringen. Frau Prot unterrichtete die kleinen Klassen, wobei sich Ernst leidenschaftlich in sie verliebte. Diese zwei Pädagogen der Alten Schule bemühten sich, nicht nur kulturelle Kenntnisse, sondern hauptsächlich die Liebe des Lernens ihren Schülern einzuprägen—eine große willkommene Verbesserung nach dem luxemburgischen sadistischen "Geigenmeister".

Lesen wurde besonders betont; ich fing an mit *Alice im Wunderland* oben links im Bücherschrank, bis ich unten rechts bei meinen neuentdeckten "Freunden", Jules Verne und Alexandre Dumas, ankam. Dann bestellte Monsieur Prot andere Bücher, so daß ich die Sprache in kurzer Zeit beherrschte und kurz danach sogar mit meinen falschen Papieren nie als Ausländer auffiel. Obwohl wir den Ortscuré ständig freundlich grüßten, sind wir beide aber dadurch aufgefallen, daß wir nicht in den wöchentlichen katholischen Religionsunterricht, den Katechismus-Unterricht, gingen.

When France surrendered to Germany in June 1940, it was divided into an Occupied and an Unoccupied- or Free-Zone. Alsace and Lorraine were annexed by Germany. The Free Zone was under the jurisdiction of the French Government headquartered in Vichy, of which WWI hero Marshall Philippe Pétain was the "Chief". Vichy's Laws took effect as long as they were consistent with German regulations in the Occupied Zone. The "Final Solution to the Jewish Question" in France came under the Gestapo's Office for Jewish Affairs in France, whose head reported to the infamous Adolf Eichmann, in Berlin. At German urging, Vichy undertook a census of Jews, including their whereabouts, established an anti-Jewish police force and created the UGIF (*Union Générale des Israélites de France* or General Union of Jews of France) which was accountable to the anti-semites of the French State.

We were bidden—our mother and her two sons—to appear for "Registration of Foreign Nationals" at a Government Office. She had received a "notice-to-appear" on a certain date; we found ourselves in a yard surrounded by high walls, together with a large number of other similarly mandated persons—all of whom turned out to be Jews. Mother stood in line with her two rambunctious tow-headed kids until she was eventually allowed into the building.

Lorsque la France se rendit aux Allemands en Juin 1940, elle fut divisée en deux zones, une occupée par les Allemands et une, soi-disant libre où les lois du gouvernement de Vichy faisaient foi pour autant qu'elles soient en accord avec les lois promulguées par les Allemands en zone occupée.

La "Solution Finale de la Question Juive en France" était sous la direction du Bureau de la Gestapo en France dont les chefs successifs relevaient du sinistre Adolf Eichmann, à Berlin.

A la demande des Allemands, Vichy entreprit un recensement des Juifs, y compris leur domicile exact, créa une police anti-juive et l'UGIF (Union Générale des Israélites de France) qui relevait des antisémites de l'État Français.

On nous convoqua pour le soi-disant "recensement de résidents étrangers". Notre mère y emmena ses deux blondinets, ne pensant pas à mal jusqu'à ce qu'elle se rendit compte que tous ces "étrangers" convoqués étaient exclusivement juifs.

Elle fit la queue avec ses deux mouflets jusqu'à ce qu'on la fit entrer par la grande porte cochère.

Gemäß dem Waffenstillstandsvertrag wurde Frankreich in eine Nord- deutsch-besetzte und eine Süd-französische-Zone geteilt. Elsaß und Lothringen wurden einfach von den Deutschen annektiert.

Die sogenannte "Freie Zone" wurde von dem Badeort Vichy aus von dem neuen Staatsoberhaupt, dem Marschall Pétain, regiert. Vichy-Gesetze galten, insofern sie nicht deutschen Befehlen in der Nordzone widersprachen.

Die "endgültige Lösung der Judenfrage in Frankreich" wurde von einem Gestapobefehlshaber, einem Untergebenen des Adolf Eichmann, bestimmt. Unter Deutschen Impuls vornahm Vichy eine Judenzählung (inbegriffen genaue Adressen), organisierte eine Antijudenpolizeieinheit und gründete die UGIF (Allgemeine Vereinigung der Juden in Frankreich) die den Antisemiten in Vichy verantwortlich war.

Ende 1940 mußten wir, unsere Mutter und die zwei Buben, zur Ausländeranmeldung. Wir fanden uns in einem großen Hof voll von Müttern mit ihren Kindern die alle jüdisch waren.

Wir standen Schlange, bis wir hinter den andern in das imposante Regierungsgebäude durften.

"Get out of here with those two cute boys!!"
"Allez-vous en avec ces deux beaux enfants!!"
"Gehen Sie mit den Buben von hier weg!!"

It became obvious to mother that all the "Foreign Nationals" were, in fact, exclusively Jewish women and young children—a terrible omen in those times, as the Germans and their French collaborators in the Vichy Police used such convocations to trap unsuspecting people and make them "disappear".

A lady—possibly the concierge of the building—picked us out of the assembled multitude and showed us a way out of the compound through a private passage. "Go away with those two beautiful children" she told our mother, as we left. Without any doubt, this person saved our lives.

Mass arrests of Jews were started in the Paris area in May 1941, based on the data collected during the earlier census. The arrests of non-French Jews went on all year in the Occupied Zone, with the victims herded to various "holding" camps, where abominable conditions prevailed. The first deportations from France to the killing grounds in the East took place in the Spring of 1942.

Après avoir fait la queue un moment, notre mère se rendit compte à son horreur que tous ces gens étaient juifs comme elle, un très mauvais augure en ces temps où il était connu que les Allemands et leurs collaborateurs français, dont la Police du Gouvernement collaborationiste de Vichy, organisaient des raffles d'innocents de cette manière, des innocents qui étaient ensuite "disparus".

Une dame—peut-être la concierge de l'immeuble—vint vers notre mère et lui dit à voie basse: "Madame, allez-vous-en avec ces deux beaux enfants si mignons. Suivez-moi!" Elle nous fit sortir de l'immeuble et nous retournâmes chez nous, à Sainte-Lizaigne. Il ne fait aucun doute que cette personne nous sauva la vie.

Les arrêts massifs de juifs non-Français commencèrent en Région Parisienne sur la base du recensement antérieur et se poursuivirent toute l'année en Zone Occupée—les victimes étant enfermées dans d'infects camps de concentration. Les premières déportations depuis la France en direction des camps de la Mort dans les pays de l'Est eurent lieu à partir de Mars 1942.

In dem Hof schienen alle sogenannten "Ausländer" jüdisch zu sein—ein furchtbares Omen in diesen unsicheren Zeiten, denn es war bekannt, daß die Deutschen und die Vichy-Polizei ahnungslose Leute fingen, die danach einfach 'verschwanden'.

Eine Frau—möglicherweise die Pförtnerin des Gebäudes—kam auf uns zu, nahm unsere Mutter beiseite und sagte: "Gehen Sie doch bloß mit den schönen Buben weg", und öffnete ein Hintertor für uns. So sind wir wieder heim nach Ste. Lizaigne. Diese Person hat uns bestimmt das Leben gerettet.

Massenrazzias und Einsperrungen von Juden begannen in Paris im Mai 1941,scheinbar auf der Basis des früheren Zensus. Die Festnahmen von Auslandsjuden in der Nordzone fanden das ganze Jahr statt; die Leute wurden in Konzentrationslagern unter unmenschlichen Zuständen zusammengetrieben, bis die ersten Deportationen in die im Osten liegenden Mordfabriken, Anfang 1942, stattfanden.

Father was released from internment at the "Les Milles" holding camp thanks to the Camp commander, Capitaine Goruchon of the French Army, who had a number of detainees released on the pretext of "serious illness" on September 16, 1940, the day before this generous human being was dismissed as camp commander.

Two years later, Jewish detainees as well as the several thousand survivors of the Spanish Civil War who had thought they had found asylum in France, were deported to the death camps in the East.

At the Sainte Lizaigne Rail Station, we did not immediately recognize this gaunt figure as he looked, with his beret and *musette*—the typical French carry-all of the time—like any of the French war prisoners who were being released from German captivity in this fall of 1940. Camp commander Capitaine Goruchon did his utmost to liberate detainees with next-of-kin in France, prior to his dismissal and the Army turning over the administration of Les Milles to the Vichy pro-German *Gardes Mobiles* a few weeks later, on October 1, 1940.

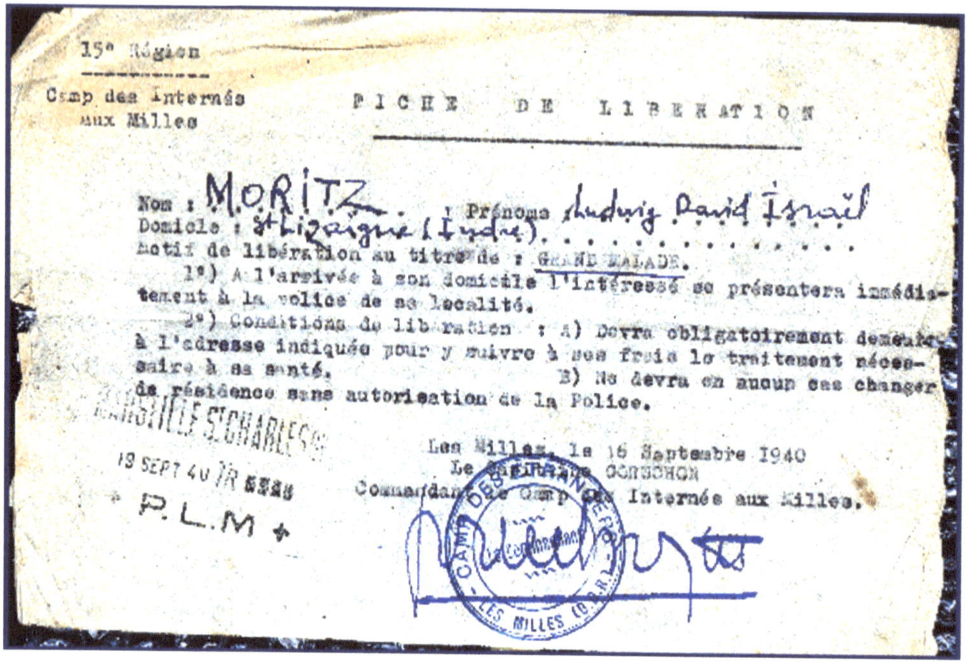

15e Région

Camp des Internés
aux Milles

FICHE DE LIBERATION

Nom : MORITZ : Prénoms Ludwig David Israël
Domicile : St Lizaigne (Indre). . . . .
Motif de libération au titre de : GRAND MALADE.
1°) A l'arrivée à son domicile l'intéressé se présentera immédiatement à la police de sa localité.
2°) Conditions de libération : A) Devra obligatoirement demeurer à l'adresse indiquée pour y suivre à ses frais le traitement nécessaire à sa santé. B) Ne devra en aucun cas changer de résidence sans autorisation de la Police.

MARSEILLE St CHARLES
18 SEPT 40
P.L.M.

Les Milles, le 16 Septembre 1940
Le Capitaine GORUCHON
Commandant le Camp des Internés aux Milles.

CAMP DES INTERNES LES MILLES

Elated as we were, our father's return created the problem of shelter, as the very proper and kind maiden Misses Foerster, Marthe and Hélène, could not possibly let a man into their lovely home—it was simply not done. Here was a resourceless, devoted couple with two young sons, without means and unable to communicate in the language of this land, forced to wander the streets of a hamlet with their meager belongings; they found shelter, in their desperation, in an icy and unheatable abandoned house. The move was effected with a wooden barrow which contained little Ernest rolled into blankets, as he was too ill and too weak to walk.

C'est en tant que *Grand Malade* et grâce à la bonté du Capitaine Charles Goruchon, de l'Armée Française, que Papa fut relâché du Camp des Milles le 16 Septembre 1940, le jour avant que le bon capitaine ne fut démissionné de ses fonctions de commandant de ce camp de la honte. Ceux des prisonniers non relâchés, n'ayant où aller, ainsi que les quelques milliers de rescapés républicains de la guerre civile espagnole furent, par la suite, déportés vers les camps de la mort allemands, à l'Est. A son arrivée en gare de Sainte-Lizaigne, il ressemblait, avec son béret basque et sa musette, à un quelconque prisonnier de guerre français, de ceux qui, en cet automne de 1940, venaient d'être libérés de camps allemands.

En ses mois de détention, il n'avait appris qu'une seule expression en français, "attention à moi!", sans doute le cri souvent répété d'un de ces garde-chiourmes ardéchois qui avaient charge des lieux.

Le retour inespéré et tant attendu de notre père créa cependant un problème majeur, celui de l'hébergement, car les bonnes demoiselles Foerster, Hélène et Marthe, qui avaient jusqu'ici, bénévolement, abrité une femme et deux enfants, ne pouvaient, quant à elles, en aucun cas admettre d'avoir un homme en leur demeure, cela n'était pas de mise et ne se faisait simplement pas.

Voici donc ce malheureux couple et leurs deux enfants, démunis et sans la possibilité de se faire comprendre en la langue des lieux, acculés à errer de par le village à la recherche d'un abri, lequel en désespoir de cause, fut une maison inchauffable et abandonnée. Le cadet des frères, trop malade et trop faible pour se déplacer, dut être "brouetté", enveloppé dans des couvertures, jusqu'à la nouvelle demeure. Il ne peut y avoir de désespoir plus poignant que celui d'un parent, impuissant, sans faute aucune de sa part, à assurer un bien-être minimum à son enfant, fut-ce en dépit d'une dévotion et d'une abnégation extrêmes.

Nach einem halbe Jahr Haft, durfte unser Vater das Lager "Les Milles" verlassen. Er hatte seine Freiheit dem freundlichem Lagerkommandant Charles Goruchon zu verdanken, der ihn und mansche andere am 16.September 1940 entlassen lies wegen "Krankheiten", einem Tag vor seiner eigenen Entlassung von seinem Dienst als Lagerkommandant. Als Vater am Bahnhof Sainte-Lizaigne ankam, haben wir ihn nicht sofort wiedererkannt, weil er mit seiner französischen Tasche, der *musette*, und seiner Baskenmütze, dem *béret*, genau so aussah wie irgendein französischer Kriegsgefangener, von denen manche damals, im Herbst 1940, aus deutscher Gefangenschaft heimkehrten.

Selbstverständlich waren wir drei überglücklich, unseren Vater wiederzusehen, obwohl seine Entlassung ein großes Problem verursachte: "Wo sollte er wohnen?" Die zwei alten Jungfern, Frln. Marthe und Frln. Hélène Foerster, bei denen wir wohnten, waren zwar hilfsbereit und lieb, konnten aber nicht die Anwesenheit einer erwachsenen Person männlichen Geschlechts in ihrem Hause dulden, weil das sich einfach nicht gehörte.

Also mußten die Armen, mit ihren wenigen Habseligkeiten und ohne sich in der dortigen Sprache verständigen zu können, herumwandern, bis sie einen Wohnplatz in einem leeren und, laut unserer Mutter, unbeheizbaren Haus fanden. Ernst, 9-jährig, mußte mit einem Schubkarren und in Decken eingewickelt dorthin gebracht werden, weil er zu krank war, um zu Fuß die hundert Meter zu gehen. An einem solchen schrecklichen Vorkommnis wird einem Kind klar, was wirkliche Elternliebe ist.

Our parents were warned of roundups.
On avertit nos parents avant la raffle.
Unsere Eltern wurden vorgewarnt.

On July 4,1942, the Vichy Government agreed to the deportation of all Non-French Jews from the South Non-Occupied Zone. On August 26 through August 28,1942, round-ups of Jews in the South Zone took place; these roundups were effected exclusively by the French—be it Police, Gendarmes, *Gardes Mobiles*, Firemen or French Soldiers—almost anyone, except mail carriers, normally wearing a uniform. Those caught were given the option of taking their children under 16 with them to their unknown destination (to the Death Camps) or of leaving them behind. Most parents decided to meet their fate alone. A Jewish welfare organization, OSE (acronym for *Oeuvre de Secours de l'Enfance*), took charge of many of these children, including newborns and infants, thus left alone.

Our parents were warned that roundups of non-French Jews were to take place; our father—in helpless desperation—poured boiling water over his bare feet in the hope that these wounds would spare him. He later realized the futility of his act. On the theory that women and small children were less likely to be arrested, our mother accompanied by Ernest and our widowed aunt Alma, one of our father's sisters, took the train to the nearby town of Issoudun, with such luggage as they could carry.

Vichy donna son accord, le 4 Juillet 1942, à la déportation de tous les Juifs étrangers de la Zone non-occupée. Les rafles en Zone Sud, du 26 au 28 Août 1942, furent menées par les Français: Police, Gendarmes, Gardes Mobiles, Pompiers et Soldats. Les parents d'enfants de moins de 16 ans eurent le choix entre soit les laisser sur place, soit les prendre avec eux vers cette destination inconnue (les camps de la mort). La plupart des parents optèrent de partir seuls vers leur destin. Une organisation juive d'entraide, OSE, "Oeuvre de Secours de l'Enfance" prit en charge un grand nombre de ces enfants, dont des bébés.

On nous avertit qu'une rafle était sur le point d'avoir lieu; notre père, au désespoir, se versa de l'eau bouillante sur les pieds, pensant ainsi être épargné une nouvelle incarcération. Son geste avait été vain car des rapports circulèrent que même les vieux infirmes n'étaient pas épargnés par les tueurs. Pensant que des femmes voyageant avec un enfant en bas âge courraient moins de risques, notre mère prit le train pour la ville la plus proche, Issoudun, avec ce qu'elle pouvait traîner de bagages, en compagnie du petit Ernest et de sa belle-soeur Alma.

Am 4.Juli 1942 gab die Vichy-Regierung zu, daß nichtfranzösische Juden von der Südzone deportiert werden. (Zu dieser Definition gehörten Franzosen, die ausgebürgert wurden.) Vom 26. bis zum 28. August 1942 wurden Juden in der Südzone, nur durch Franzosen (Polizei, Feuerwehr, Gendarmes, Soldaten, Schüler der Militärakademie—anscheinend durch alle, die eine Uniform trugen, außer Briefträger) festgenommen. Diesen Armseligen gab man die Option, ihre Kinder unter 16 Jahren mitzunehmen oder zurückzulassen. Die Eltern entschieden sich meistens, die Kinder zurückzulassen und allein ihr furchtbares Schicksal auf sich zu nehmen. Diese Kinder, inbegriffen Säuglinge, wurden von der Jüdischen Kinderhilfsorganisation OSE betreut.

Mitte 1942 wurde uns bekannt, daß nichtfranzösische Juden deportiert würden. Nach seiner Dachauer Erfahrung wußte Vater, daß der Euphemismus "Deportierung" seinen sicheren Tod bedeutete. Aus Verzweiflung schüttete er sich kochendes Wasser über seine nackten Füße, in der Hoffnung, daß die Franzosen, ein bisher zivilisiertes Volk, ihn seiner Wunden wegen verschonen würden.

Die Vergeblichkeit seiner Tat wurde ihm bald klar, als er erfuhr, daß auch kranke, alte, sterbende Leute deportiert wurden. In der Annahme, daß Frauen und kleine Kinder nichts auf den Bahnsteigen zu fürchten hätten, nahmen Mutter, Ernst und unsere Tante Alma, beladen mit unserem ganzen Gepäck, den Zug nach Issoudun.

Father and I walked the 10 miles through a roundabout pastoral way—the ancient Route de Paris, now known as Route de Charost—as though out for a stroll. It must have been agonizing for our father, whose feet were swollen. On the way, he found a farmer's superb bone-handled knife, which I got to keep, and cherished for years.

Notre père et moi prîmes le chemin des écoliers, par la "Route de Charost", l'ancienne route des diligences vers Paris, à travers champs, comme si père et fils se promenaient. Les pieds boursouflés de mon père lui causaient sans aucun doute des souffrances intolérables.

En cours de route il trouva un couteau de paysan à manche de nacre qu'il me donna; je n'avais jamais osé espérer être en possession de quelque chose d'aussi beau. Cette merveille, don de mon père, fut mon talisman pendant des années.

Papa und ich gingen zu Fuß die 10-12 km durch die Felder der früheren Pariser Landstraße entlang und taten so, als ob wir spazierten. Ich bin überzeugt, daß er furchtbar wegen seiner Fußblasen gelitten hat.

Am Wegrand fand er das schönste Messer, das ich je gesehen hatte, mit einem Griff aus einem Hirschgeweih. Er gab es mir, und es wurde mein geliebter Talisman.

ISSOUDUN

ISSOUDUN (INDRE) FRANCE
Summer 1942

Father's youngest brother Jakob, now known as Jacques, had moved to France after the German annexation of the Sarreland in 1935. At the start of the war, he had relocated part of his garment factory, REAL S.A., from Paris to the town of Issoudun, in Central France, some fifty miles South of the border—the Demarcation Line—between the occupied North and the unoccupied Vichy-South Zones.

On arriving in Issoudun—having fled their home in nearby Ste. Lizaigne to avoid the mid 1942 roundups of foreign Jews—our parents hid in a hayloft on our uncle's property. Ernest and I were entrusted to a poor seamstress in the nearby village of Les Bordes, until a more secure and permanent hiding place could be found.

Le cadet des frères Moritz de Becherbach, Jakob, avait quitté la Sarre lors de l'annexion de ce territoire par l'Allemagne et, devenu le citoyen français Jacques Moritz, avait transféré une partie de sa fabrique de vêtements Real S.A. de Paris à Issoudun, dans l'Indre.

Cette ville de province se trouvait à une soixantaine de kilomètres au Sud de la Ligne de Démarcation entre la Zone Nord allemande et la Zone Sud, soi-disant "libre".

Arrivés à Issoudun—après leur fuite de Ste-Lizaigne afin d'échapper aux raffles de Juifs étrangers de l'été 1942—nos parents trouvèrent un refuge temporaire dans une grange sur la propriété de notre oncle. Quant à Ernest et moi, on nous trouva un asile temporaire chez une pauvre couturière du village voisin, Les Bordes et ce, jusqu'à ce qu'on puisse nous trouver un havre plus sûr et plus permanent.

Der jüngste Bruder unseres Vaters, Jakob, war nach der deutschen Annektierung des Saarlandes im Jahre 1934 nach Frankreich ausgewandert und wurde "Jacques" genannt und französischer Bürger. Bei Beginn des Krieges hatte er einen Teil seiner Kleiderfabrik, REAL S.A., von Paris nach Issoudun, ins Zentrum Frankreichs, verlegt.

Als die Verfolgungen anfingen, haben sich unsere Eltern in einer Scheune auf Jacques Grundstück versteckt, während Ernst und ich Unterkunft im Haus einer armen Näherin in dem nebenliegenden Dorf Les Bordes fanden, bis ein sicherer und besserer Platz gefunden wurde. Dort waren wir wahrscheinlich im Herbst 1942.

LES BORDES (INDRE), FRANCE — late summer/early Fall 1942.
The first hiding place for the boys.
La première cachette des garçons.
Das erste Versteck der Buben.

The hamlet of Les Bordes is located between the towns of Issoudun and Vatan, in central France. Our guardian, poor as she was, tried her best to feed us but, unfortunately, her best was not very good; the fare consisted principally of pumpkins prepared in a variety of ways.

After a few weeks of non-stop pumpkin soup, pumpkin pie, pumpkin salad, pumpkin ratatouille etc., our parents heard of a Jewish organization which harbored children, either smuggled out of the internment camps at Gurs and Rivesaltes or left behind by their parents. This group, OSE, acronym for *Oeuvre de Secours de l'Enfance*, was an organization originally founded in czarist Russia at the time of the murderous anti-Jewish pogroms in the late 1880s.

We were taken to the castle of Le Masgelier, near Guéret, in Central France, an OSE-operated children's home, by a man who was accompanying his own children there.

Le hameau des Bordes est à mi-chemin entre Issoudun et Vatan, le centre géographique de l'Hexagone. Notre gardienne, une très brave dame, fit de son mieux à notre égard mais son mieux n'était pas très apprécié par ces deux loustics; c'était l'automne, donc période de récolte des cucurbitacées dont citrouilles; cette bonne dame nous servit à nous, amateurs de choucroute, ce légume sous toutes les formes possibles et imaginables, en soupe, en ratatouille, en tarte, en salade, etc . . .

Notre calvaire gastronomique prit fin lorsque nos parents purent arranger notre hébergement dans un home d'enfants dans la Creuse, home destiné surtout à des enfants juifs provenant des camps de Gurs et de Rivesaltes et dont les parents avaient, dans un grand nombre de cas, été déportés vers l'Est.

Une organisation de bénévoles—OSE, "Oeuvre de Secours de l'Enfance", fondée à l'origine lors des pogromes meurtriers anti-juifs de Russie de la fin du XIXe Siècle, gérait ce home. Un père de famille qui y menait ses propres enfants voulut bien nous accompagner jusqu'à ce refuge, au Château du Masgelier, près de Grand'Bourg et de Guéret, dans la Creuse.

Das Dörfchen befindet sich in der Nähe von Issoudun auf der Landstraße Richtung Vatan, in der geographischen Mitte Frankreichs.

Unsere Wächterin, obwohl sehr arm, versuchte ihr Bestes, aber leider war ihr Bestes nicht sehr gut. Sie gab uns meistens Kürbis, auf verschiedene Weise zubereitet, zu essen—es war kaum eßbar für diese zwei verwöhnten Feinschmecker, die lieber Oma Reginas selbstgemachtes Sauerkraut gegessen hätten.

Nach ein paar Wochen ununterbrochener Kürbiskur—Kürbissuppe, Kürbissalat, Kürbistorte, Kürbisratatouille usw.— erfuhren unsere Eltern, daß es eine jüdische Kinderhilfsorganisation—die OSE—geben würde, die Kinder aus den Lagern Gurs und Rivesaltes rettete.

Diese Organisation — *Oeuvre de Secours de l'Enfance*— wurde in Rußland zur Zeit der zaristischen Pogrome gegründet. Ein Begleiter, der auch seine eigenen Kinder bei sich hatte, brachte uns zu einem OSE Kinderheim in einem alten Schloß, Le Masgelier, in der Nähe von Grand'Bourg bei Guéret (Creuse).

LE MASGELIER near GRAND-BOURG (CREUSE) FRANCE
Sept 1942–April 1943 A home away from home under the aegis of the OSE.
Un havre de paix, de bienfaiteurs de l'OSE.
OSE Kinderheim. Kinder retten!

In making arrangements for the safety of their two boys with OSE, little did our parents know that, in March 1942, OSE had been incorporated into UGIF and renamed *UGIF-South-Troisième Bureau*, and would thus henceforth be under the oversight and control of the Vichy and German-controlled "General Commissariat for Jewish Affairs". We were, without knowing it, in the wolf's lair. It is probable that the OSE mid-level staff were equally ignorant of this situation.

The old dilapidated castle at Le Masgelier—what is called a *gentilhommière* in France—was home to one hundred children, mostly former internees in French internment camps whose parents, in many cases, had been deported "to the East"—the German euphemism for the death camps. Many had been forcibly evicted from their ancestral homesteads in the Southern German provinces of Baden and Palatinate, which were thus the first to claim to have been made *Judenrein*—free of Jews.

One of the staff—not all of whom were Jewish—had the great idea to get us a mascot, our own mutt, Masgeliette, the most beautiful dog I ever laid eyes on and got to pet. Affectionate Masgeliette made our motherless misery a little more bearable.

Nos parents ignoraient que l'OSE, ce havre de paix, avait été incorporé, en tant que Troisième Bureau-Santé, dans l'UGIF, "l'Union des Israélites de France" qui, elle, était sous contrôle Vichy et allemand. Nous étions donc, sans le savoir, dans la gueule du loup; situation également ignorée des cadres de l'OSE.

Cette gentilhommière abritait une centaine d'enfants de tous âges, dont la plupart avaient été enlevés des infâmes camps de Gurs et de Rivesaltes. Ces enfants et leurs parents, originaires pour la plupart du Pays de Bade et du Palatinat, avaient été refoulés de force sur la France afin qu'un infâme *Gauleiter* nazi puisse annoncer au dictateur teuton, à son Führer, que les provinces sous sa juridiction étaient les toutes premières à être *judenrein*—sans Juifs. Dans certains cas, les parents de ces enfants avaient déjà été déportés "vers l'Est", vers une mort horrible certaine.

L'un des bénévoles, qui d'ailleurs n'étaient pas tous juifs, avait eu la très bonne idée d'acquérir une petite chienne de race indéterminée, Masgeliette, la plus belle et gentille de tous les canins. Masgeliette était douce, adorait les enfants et nous consolait dans notre misère.

Als unsere Eltern diese Unterbringungsmöglichkeit für ihre Söhne arrangierten, hatten sie nicht die geringste Ahnung, daß diese wundervolle OSE sich in das *UGIF-Troisième Bureau-Santé* transformiert hatte und daß die Vichy-Antisemiten die UGIF kontrollierten und genau wußten, wo sich jedes Kind befand.

Wir waren, ohne es zu ahnen, in die Fresse des Wolfes gefallen. Sogar die Kinderpfleger der OSE hatten damals keine Ahnung davon. In diesem alten Schloß—einer *Gentilhommière* auf Französisch—waren über 100 Kinder untergebracht, fast alle aus französischen Lagern, deren Eltern in "den Osten zur Landarbeit" geschickt wurden—ein Nazi-Euphemismus für "vernichtet". Diese Kinder waren aus diesen KZs herausgeschmuggelt worden. Viele waren deutschsprechend, aus Baden und der Pfalz, wo die Nazi-Gauleiter besonders tüchtig waren und dem Österreicher als erste melden konnten, daß sie über "judenreine" Gebiete verfügen würden.

Unser Hausmaskottchen, die geliebte Hündin Masgeliette, hat unser Elend ein bißchen erträglicher gemacht, aber sie konnte sich natürlich nicht mit jedem Kind genügend befassen.

"Le Masgelier" (Creuse) France.
Luba, of sainted memory, reading Pearl Buck's *The Good Earth* to the little ones.
Louba, notre bonne Louba, lisant Pearl Buck aux chevets des enfants.
Unsere gute Luba beim Lesen.

Anti-Jewish measures were accelerated in the second half of 1942: the word *JUIF* was stamped on all Jewish identity and food ration cards. It was decided that inasmuch as Jewish children posed a threat to German Aryan racial purity, they were henceforth also to be exterminated. The Marseilles Police Commissioner invented numerous administrative hurdles so that, even after the issuance of 1000 children's USA entry visas, few could be used. With the Allied Landing in North Africa in November 1942, exit visas were no longer available and the Germans occupied all of France; the OSE children in Marseille awaiting departure were initially interned, but subsequently freed.

Ernest continued to be very weak and ill; he was quarantined in the castle tower as, besides his other ailments, he also had contracted the mumps. In his privileged situation, he had access to buttered toast and, as some good brothers cum best friends are known to do, he scraped the butter from his bread, wrapped it in a piece of paper, and let it down, attached to a string, from the window in his aerie. A few of us ragamuffins managed to steal a few potatoes in a nearby field and, making a fire as I had watched the farmer do in Becherbach, we roasted the potatoes which we then ate with a dab of "Ernest butter". None of us who were privileged to live this show of altruism in those difficult times ever forgot Ernest's potatoes.

Les mesures anti-juives cascadèrent en cette fin d'année 1942: le mot "JUIF" fut tamponné sur cartes d'identité et cartes de rationnement. Étant donné que les enfants juifs posaient un risque à la soi-disant pureté raciale aryenne allemande, il fallait également les exterminer tous. Le Commissaire de Police de Marseille, le port d'embarquement, inventa nombres d'entraves administratives visant à ce que les enfants ne puissent partir, malgré l'obtention de 1000 visas d'entrée aux USA. Le débarquement allié en Afrique du Nord en Novembre 1942 ferma cette porte de sortie et donna une excuse aux Allemands d'occuper la Zone Sud. Les enfants OSE se trouvant à Marseille furent, en un premier lieu, internés, pour être ensuite relâchés.

Ernest n'était toujours pas bien et, si ce n'était pas une maladie, c'en était une autre, dont la jaunisse, les oreillons, l'albumine. Il passait la plupart de son temps dans la chambre des isolés, les «en quarantaine», dans une des tours du château. En tant que grand malade et "dorloté de première catégorie", il avait droit à cette rareté qu'était une tartine beurrée. En tant que bon frère et tout meilleur copain, il grattait le beurre de son pain et le faisait descendre du haut de sa tour enveloppé dans un bout de papier. Nous autres affamés faisions griller quelques pommes de terre volées que nous dégustions "à la Ernest", au beurre. Cela resta pendant longtemps une de mes grandes expériences gastronomiques.

Während der zweiten Hälfte des Jahres 1942 wurden die anti-jüdischen Maßnahmen zu-nehmend drastischer. Das Wort *Jude* wurde auf Papiere und Lebensmittelrationskarten eingetragen. Weil die jüdischen Kinder angeblich ein Risiko für die arische Rasse darstellten, wurde bestimmt, daß alle Kinder mitdeportiert würden.

Der Polizeikommissar in Marseille stellte eine Menge von administrativen Hindernissen in dem Weg der Auswanderung von Kindern, die Eintrittsvisum in die USA besaßen. Dadurch wurden fast alle nicht benutzt. Nach der alliierten Nordafrikabesetzung im November 1942 kam Kinderauswanderung nicht mehr in Frage; die OSE-Kinder, die sich in Marseille befanden, wurden interniert, aber später doch entlassen.

Ernst war immer noch sehr schwach und meistens krank; er wurde in dem Schloßturm völlig isoliert, weil er auch ansteckende Krankheiten, wie Ziegenpeter (Engl. *mumps*; Fr. *oreillons*) hatte. Seine Hauptkrankheit war aber Hypokalzämie wodurch er sich immer schwach fühlte und besonders kräftiges Essen bekam, was er aber in seinem Zustand nicht herunterschlucken konnte: Als guter Bruder und bester Freund wickelte er Butter in ein Stück Papier und ließ es mit einer Kordel oder einem Faden vom Turmfenster herunter, so daß wir Hungrige diese Butter mit gestohlenen gerösteten Kartoffeln essen konnten. Dieser Altruismus haben wir alle, die dies erlebten, bis heute nicht vergessen.

"Le Masgelier" (Creuse), France

Our beloved Luba giving Ernest his nightly hug and kiss—a most important ritual for a motherless little boy.
Notre adorée et dévouée Louba bordant Ernest après son baiser maternel de "bonne nuit".
Unsere geliebte Luba gibt Ernst den üblichen Gutenachtkuß.

The little ones—"les petits"—slept in a dormitory set up under the eaves of the castle. Every night, one of the attendants, Louba, read to us from the interminable *The Good Earth* by Pearl Buck. One of the messages was that we did not know what hardship was, compared to the travails of the average Chinese peasant.

Ernest most remembers Louba's warmth. At bedtime she came by and hugged and gave each one a kiss. Ernest was one of her favorites and adored her. For my part, the various traumas brought about a stutter and bed wetting. Since no one ever made a comment, I assume that I was not the only one who had this embarrassing problem.

Nous autres, les petits, dormions dans un dortoir aménagé dans le grenier du château. Une des volontaires, Louba, venait chaque soir nous lire un chapitre de l'interminable chef d'oeuvre de Pearl Buck *La Bonne Terre*. En écoutant cette histoire des misères de la paysannerie chinoise d'antan, certains se rendirent compte que, malgré nos malheurs à nous, ce n'était rien à côté de ces misérables-là. La lecture terminée, nous avions chacun droit à un baiser. Il va sans dire que tous, nous adorions Louba.

Les traumas eurent toutefois leur effet en ce que je commençais à bégayer et à faire au lit ; il est plus que probable que je ne fus pas le seul ayant ces accidents de parcours-là, car personne ne fit jamais de remarque.

Wir haben im Speicher des Schlosses geschlafen. Ein Mädchen, Louba, hat uns betreut und jeden Abend aus dem endloslangen und schönen Meisterwerk *Die Gute Erde* von Pearl Buck vorgelesen. Die Moral des Buches war, daß wir, mutterseelenallein, dennoch besser dran waren als die bettelarmen Bauern in China.

Louba gab uns Mutterwärme, gab jedem abends einen Kuß, und selbstverständlich verliebte Ernst sich in sie; ich fing an zu stottern und habe fast jede Nacht (vor Angst?) ins Bett gemacht, aber ich war bestimmt nicht der einzige, denn niemand hat je eine Bemerkung gemacht.

Two men in uniform took an interest in the Moritz brothers and came to the children's home in order to "interview" the two boys. They wanted to know where our parents were—which we, of course, did not know. Rumor had it that a group of children were to leave for the port city of Marseille, and from there by boat to *Amerika*, but it turned out that we did not qualify as the whereabouts of our parents were crucial. The matter became moot as no emigration took place at this time.

The person in charge of the children's home at Le Masgelier, Mr. Jacques Bloch together with his chauffeur-cum assistant Dr. Elisé (Jean) Cogan, temporarily moved us to a children's home in the middle of Limoges, until a permanent and secure place of hiding could be arranged. Badly forged identity papers and the all-important ration cards (without which one could not buy food) were arranged in the names of Alfred and Ernest MAURICET, newly designated as French citizens born of French parents in Ste. Lizaigne (Indre). Thanks to the efforts of our former schoolteachers in Ste. Lizaigne, we both had become proficient, in a short time, in written and oral French; no one ever took us for anything other than what our false papers said we were—two French kids who had become separated from their parents.

Deux hommes en uniforme s'intéressèrent aux frères Moritz, voulant savoir où se trouvaient nos parents, ce que nous ne savions pas. Une rumeur circula que certains des enfants partiraient bientôt pour le port de Marseille en route vers l'Eldorado, l'Amérique, mais il n'en fut rien.

Le directeur OSE du home, Mr. Jacques Bloch et son assistant, Dr. Elisé (Jean) Cogan, nous amenèrent, Ernest et moi, dans une maison d'enfants en plein centre de Limoges jusqu'à ce qu'on trouva un autre lieu d'hébergement. De faux papiers d'identité incroyablement mal faits firent de nous les frères Alfred et Ernest Mauricet, nés à Ste. Lizaigne (Indre), de parents français. On nous donna également de fausses cartes de rationnement, sans lesquelles il aurait été impossible d'acheter à manger.

Grâce aux leçons du couple d'instituteurs de Ste. Lizaigne, personne ne mit jamais en doute ce que ces deux gamins prétendaient être, à savoir deux petits français pris dans la tourmente de la guerre et dont les parents avaient disparu.

Zwei uniformierte Männer kamen ins Heim und fragten nach den Gebrüdern Moritz; sie wollten wissen, wo unsere Eltern wären. Wir wußten es aber wirklich nicht. Dann hieß es, daß wir nach Amerika mit einem Kindertransport abreisen würden und wurden deshalb ärztlich untersucht. Es gab aber sofort zwei Schwierigkeiten—die eine, daß niemand wußte, wo unsere Eltern waren, so daß es nicht möglich war, eine Elternerlaubnis zu bekommen, und das zweite Hindernis war, daß kein Kindertransport zu dieser Zeit weg durfte.

Kurz danach haben wir unsere treuen Rucksäckchen wieder gepackt. Der Heimdirektor, Herr Jacques Bloch und sein Chauffeur-Assistent, Doktor Elisé (Jean) Cogan, brachten uns zu einem Kinderheim in der Stadt Limoges, wo wir blieben, bis ein anderes Versteck gefunden wurde. Neue Papiere und Rationskarten, ohne welche man damals nichts zum Essen bekam, wurden von Amateuren gefälscht auf die neuen Namen "Alfred und Ernest MAURICET, französisch, geboren in Sainte-Lizaigne (Indre) Frankreich". Dem Ehepaar Prot hatten wir zu danken, daß wir in der kurzen Zeit französisch schreiben, lesen und akzentfrei sprechen konnten. Jeder glaubte ohne weiteres, daß wir das, was wir sagten, auch waren, nämlich zwei Buben, deren Eltern infolge der Kriegswirren verschwunden waren.

Letter from the Chateau du Masgelier par Grand Bourg (Creuse) France

(Children's refuge run by Jewish children's rescue organization, OSE—acronym for *Oeuvre de Secours aux Enfants*, i.e. Children's Help Organisation)
dated November 2 (or 6),1942.

Dear Tante Alma,

How are you? We are very well. I was very worried at not having had any news from you. I drew the castle as well as I could. I go to school here. We had a letter from Issoudun. Uncle Jacques is soon going to come see us. We passed the medical exam about three weeks ago. They didn't tell us when we would leave. Write to me where Papa and Mama are because I would like to know where they are . . . I really would like to write to Ste. Lizaigne but I know I shouldn't. I was very embarrassed because I wanted to write to you and, since I knew that you don't know French I wanted to write in German but I make a lot of mistakes and I would have been ashamed. Dear aunt, I send you a big kiss and wish you "Good Luck".

Yours,

Alfred

Brief an unsere Tante Alma, Anfang November 1942 geschrieben aus dem OSE-Kinderheim Château du Masgelier in der Nähe von Grand'Bourg (Creuse).

Liebe Tante Alma,

Wie geht es Dir? Uns geht es sehr gut. Ich habe mir viele Sorgen gemacht, als ich keine Post von Dir bekam. Ich habe das Schloß, so gut es gerade ging, gezeichnet. Ich gehe hier zur Schule. Wir hatten Post von Issoudun. Bald kommt Onkel Jacques uns besuchen. Vor zirka drei Wochen wurden wir ärztlich untersucht. Man sagte uns nicht, wann wir weg gehen würden. Schreibe uns, wo Papa und Mama sind, weil ich wissen möchte, wo sie sind.

Ich möchte nach Ste. Lizaigne schreiben, aber ich weiß, daß ich nicht darf. Ich habe mich sehr geniert, weil ich Dir schreiben wollte und da ich wußte, daß Du Französisch nicht verstehen würdest, habe ich probiert, Dir auf Deutsch zu schreiben, aber ich machte zu viele Fehler und hätte mich geschämt. Liebe Tante, ich umarme Dich und wünsche Dir "viel Glück".

Dein Alfred

1

le 13 Novembre 1942

Chère tante Alma!

Comment va-tu? Nous allons très bien.
J'étais très inquiété de ne pas avoir de tes
nouvelles. J'ai dessiné le chateau à peu
près comme je le pouvais. Ici je vais à l'école.
Nous avons eu une lettre d'Issoudun.
Oncle Jaques va bientôt venir nous voir.
Il y a à peu pres 3 semaines que nous
avons passés à la visite médicale.
On ~~ne~~ nous a ~~pas~~ dit quand nous partirons.
Ecrivez ~~moi~~ ou sont papa et maman, car
je voudrai savoir ou ils sont. Comment
va Erni, Gitti, Ferdi et tante Souzi? Ou-
sont-ils? Je voudrai bien écrire à Ste
Lizaigne mais (je sais) il faut pas. J'étais très
embarassé car je voulais t'écrire et, comme
je savais que tu ne savais pas le français j'ai
voulu t'écrire en allemand mais je fais beaucoup
de fautes et j'aurai été honteux. Chère tante
je t'embrasse bien fort et te souhaite Bonne
Chance. Ton

Alfred.

Jude
Heimat
3.11.95
Railroad Limoges to Toulouse 1942

On the Road Again

LIMOGES (Haute Vienne) FRANCE SPRING 1943
The children in flight accompanied by "groupe Garel" underground volunteers.
Les enfants en fuite accompagnés de volontaires du "groupe Garel".
Die Kinder auf der Flucht.

After appropriate arrangements had apparently been made, a young lady took us—together with two young sisters of pronounced semitic appearance—to the Limoges Railroad Station. The station café was full of German soldiers. A soldier motioned to cute little blond blue-eyed Ernest with a sugar cube, an irresistible temptation for a little boy. Our woman escort hissed—without moving her lips, it seemed—"Don't move, walk away slowly" and we all left the café in a manner so nonchalant that any casual observer could not detect that these people had something to hide.

The fear had been, of course, that this German would have pulled the boy's pants down to see if he was circumcised, hence Jewish, but it is more likely that he could have had such a blond blue-eyed "Aryan" offspring somewhere in the Fatherland and missed his own little boy.

Une fois que tout fut, pour ainsi dire, rentré dans l'ordre, c'est-à-dire que nos faux papiers, itinéraires et destinations aient été en mains, une jeune dame vint nous prendre et nous amena, en compagnie de deux petites filles de notre âge, à la gare de Limoges. Les deux petites étaient vraiment typées et faisaient on ne peut plus contraste avec nos teints très clairs. Un jeune homme nous attendait à la gare.

Des soldats en uniformes vert-de-gris étaient assis au café; l'un d'eux fit signe au petit Ernest de venir prendre un morceau de sucre que le troufion lui tendait. Ernest se pencha en avant légèrement avec mine d'y aller lorsque la monitrice siffla dans un murmure, sans bouger ses lèvres: "Bouges pas. Reviens. Suis-moi tout doux" et nous l'avons tous suivie jusqu'au quai.

Il est évident qu'elle n'avait qu'une peur, c'était que le soldat déculotte le gamin pour voir s'il était circoncis, donc juif.

Ce qui est plus probable—avec le recul du temps—c'est que cet appelé avait un petit blondinet mignon comme ça chez lui, quelque part en Allemagne, et son gosse lui manquait.

Nachdem unsere falschen Papiere, die Reise und unsere Unterkunfts-Details arrangiert waren, kam eine junge Dame ins Heim und führte uns, zusammen mit zwei dunkelhäutigen Mädchen, zum Bahnhof, wo wir einen jungen Mann trafen. Im Bahnhofs-Café saßen deutsche Soldaten, die anscheinend auch auf einen Zug warteten. Einer der Soldaten rief Ernst zu sich und wollte ihm ein Stück Zucker geben, ein Anreiz für ein dauernd-hungriges Kind.

Die Frau sagte ganz leise wie ein Flüstern, ohne den Mund zu bewegen: "Nicht hingehen, hierbleiben, weitergehen" und wir sind hinausgeschlendert. Ihre Angst war, daß der Soldat meinen Bruder anlocken wollte, um ihm die Hose herunterzuziehen und festzustellen, ob er beschnitten, also Jude sei.

Tatsache war bestimmt, daß er auch solch ein goldiges blondes Bübchen in seiner Heimat hatte und sich danach sehnte.

SPRING 1943. TRAIN LIMOGES–TOULOUSE

A young fellow took charge of the four of us on the Limoges Railroad Station platform: he would accompany us but, whatever happened, we were not to acknowledge either his presence or that we knew him. He belonged to the "Garel Group", named after a Grigori Garfinkel, aka "Georges Garel", famed for his courage and daring. Garel had been picked by the French Underground to lead these OSE smuggling missions. The train was filled with German Wehrmacht soldiers in their grey-green uniforms. They ate delicious-looking rye-bread sandwiches carried in kidney-shaped tin boxes—it was the dark-crusted *Bauernbrot*—the farmbread of grandma Regina—which I had loved eating a million years ago, in Becherbach. To be made pantless for such a delight would not have been too great a sacrifice. We tried to look our hungriest in the hope that they would share their food—of course, they did not. Smuggling these two kids with their gummy fake IDs together with a couple of typical Semites who looked so innocent that they must obviously be guilty of something, right through this many Germans, took both daring and guts.

Ernest spent most of the trip running up and down the corridor: the motherly devotion of the OSE volunteers, up in the castle attic in Le Masgelier, had done miracles; he was his own rambunctious self again. Hearing the soldiers' guttural language, I suddenly knew where I had seen those two girls; they had been caricatures in the hate-mongering Nazi rag *Der Stürmer* which had been posted in a glazed box across the street from our house in Becherbach, so long ago, and was meant to incite the populace to intense race-hatred. It made perfect sense, as how else would a small-town German farmer know how to identify a subhuman, unless someone went to the trouble of teaching him ethnic hatred. The journey went on without a hitch, even though it was pure hell to sit by, starving, and watching those teutonic gluttons stuffing themselves.

Le jeune homme auquel on nous confia sur le quai de la gare de Limoges faisait partie du "réseau Garel", un groupe de résistants sous la direction d'un certain Grigori Garfinkel, dit Georges Garel, qui avait été prêté à l'OSE par la Résistance du fait de sa débrouillardise et de son sang-froid et s'était entouré de jeunes du même acabit.

Notre escorte nous assura que, quoiqu'il puisse arriver, il serait toujours près de là où nous serions, même si nous ne le voyions pas. D'autre part, il était important que, quoiqu'il arrive, nous fassions comme si nous ne l'avions jamais vu et ne le connaissions pas.

Le train était plein de soldats allemands dans leurs uniformes typiques, vert-de-gris. De près, ils avaient moins fière allure que de loin, lorsqu'on les entendait marcher au pas en faisant claquer leurs bottes cloutées. Chacun avait une espèce de boîte en métal dans laquelle se trouvait du pain de seigle, de ce pain de seigle que j'adorais manger, il y a mille ans, chez grand-mère, à Becherbach. Je me serais déculotté de plein gré pour un tel régal.

Ernest était trop occupé à courir de par les wagons pour se donner le luxe d'avoir des états d'âme; il avait de nouveau l'air d'être en pleine forme grâce aux soins de ces bonnes dames de l'OSE, là-haut dans son grenier.

Les deux petites typées se trouvaient dans un autre compartiment; elles avaient tellement l'air de "Sainte nitouche" qu'il devait être évident à tout policier que ces deux-là avaient quelque chose à cacher. Contre toute attente, le voyage jusqu'à Toulouse se passa sans incident, à part l'inconvénient d'être assis, affamé, en face de ces goinfres d'allemands qui n'arrêtaient pas de se bâfrer.

Ein junger Mann wurde unser Begleiter. Wir sollten so tun, meinte er, als ob wir ihn nicht kennen würden. Wir brauchten auch keine Angst zu haben, weil er immer mit uns in dem Zug sein würde. Er gehörte zu der Gruppe eines Grigori Garfinkel, Chef als "Georges Garel", der "Organisation Garel"; Garel wurde von der Untergrundsorganisation wegen seiner Courage und seinem Unternehmungsgeist der OSE übergeben. Diese zwei Eigenschaften gehörten bestimmt dazu, um diese Kinder, mit ihren falschen, klebrigen Papieren unter der Nase des Tigers durchzuschmuggeln.

Der Zug war voll von Soldaten der Wehrmacht in ihren typischen feldgrauen Uniformen. Sie hatten allerlei zum Essen dabei; am meisten faszinierten mich ihre nierenförmigen Blechdosen, aus denen sie Butterbrote herausholten—das allergleiche Bauernbrot, das es vor Tausenden von Jahren bei der Oma Regina ganz früher in Becherbach gab—Wie schnell und gerne ich ein solches Butterbrot akzeptiert hätte! Sogar meine Hose hätte ich freiwillig ausgezogen.

Ernst war dauernd beschäftigt—er rannte auf dem Korridor auf und ab; von Krankheit merkte man nichts mehr; die mütterliche Pflege der OSE Freiwilligen hatte gewirkt; es schien ihm wieder gut zu gehen. Die beiden dunkelbraunen Mädchen saßen in einem anderen Abteil: ich erinnerte mich auf einmal, daß ich dieses dunkle Aussehen schon einmal gesehen hatte und zwar als Karikatur in dem Nazihaßblatt *Der Stürmer*, das sich in Becherbach in einem Mauerkasten befand, wo die Bevölkerung Rassenhaß lernen konnte und sollte.

OSE had four regional offices. The one in Valence was run by Robert Ebstein, known as *Evrard*, and by Fanny Loinger, known as *Laugier*. They had 400 children under their purview. Three basic principles guided the enterprise:

1. Disperse the children into non-Jewish environments
2. Provide each child with an Aryan identity.
3. Trust arrangements to personnel who are, or appear to be, non-Jews.

NOM (en majuscules) : MORITZ

PRÉNOMS : Alfred

Né le 25.6.34. à Bechorbach/ALLEMAGNE

Nationalité : allemande

ADRESSES au pays d'origine : Esch s/Alzette, Luxembourg, rue des Prés.

dernière connue en France : Sainte Lizaigne Indre

Nom du père : Louis — Nationalité : allemande

Résidences successives (à l'étranger et en France) : Sainte-Lizaigne/Indre

[redacted]

Nom de la mère : Klara née Kaufmann — Nationalité : allemande

Résidences successives (à l'étranger et en France) : Idem. [redacted]

Frères (prénoms, dates et lieux de naissance, adresses) : Ernest 21.7.32.

Sœurs (prénoms, dates et lieux de naissance, adresses) :

Correspondant (nom, date et lieu de naissance) : Kahnicet

Adresses successives de l'enfant en France : chez Mme. Auber, La Blachette par Vernoux /Ardèche

Parents en France et à l'Étranger (noms et adresses) : Albert Moritz 1224 W Lincoln Ave, Milwaukee Wis. USA

Histoire de l'enfant et de la famille (date d'entrée en France, profession des parents, conditions de dislocation de la famille, etc...) : Père Commerçant au Luxembourg voulant aller en Suisse pris et envoyé au camp de Rivesaltes de là déportation en août-Sept. 42

EMPREINTES

Index gauche | Index droit

L'OSE avait quatre bureaux régionaux; celui de Valence était sous la direction de Robert Ebstein, dit *Evrard* et de Fanny Loinger, dite *Laugier*. Ils avaient 400 enfants à leur charge. Trois principes de base guidaient leur action:

1. La dispersion des enfants dans des milieux non-juifs.
2. L'adoption pour chaque enfant d'une identité non-juive.
3. Emploi de moniteurs non-juifs, ou ne le paraissant pas.

Die OSE hatte vier regionale Niederlassungen. Das Valencer Büro wurde von einem Robert Ebstein alias *Evrard* und einer Fanny Loinger alias *Laugier* geleitet. Zirka 400 Kinder hatten sie unterzubringen. Es gab drei Prinzipien:

1. Die Unterkunft sollte bei Nicht-Juden stattfinden.
2. Jedes Kind muß eine "arische" Identität haben.
3. Alle Arrangements und Überwachungen müssen unter der Leitung von nicht-jüdischem oder nicht-jüdisch erscheinendem Personal durchgeführt werden.

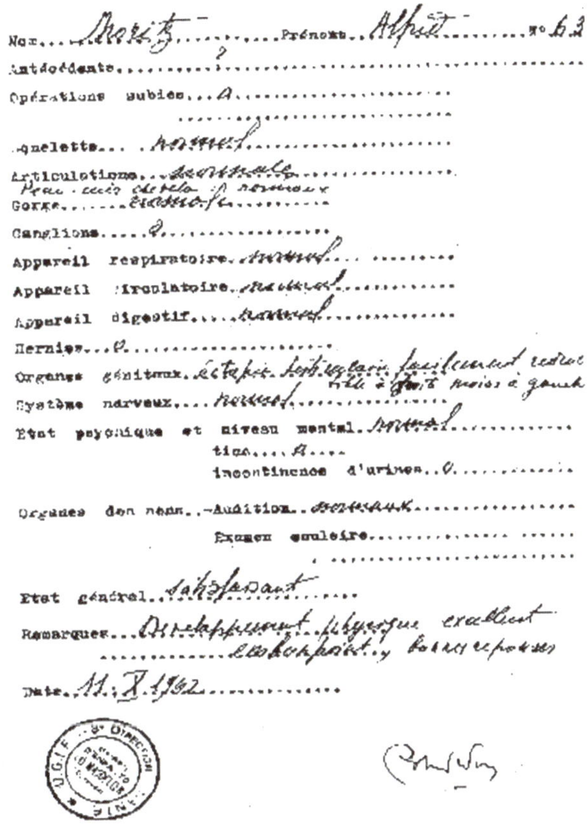
Nom... Moritz ... Prénoms... Alfred ... N° 63
Antécédents... ?
Opérations subies... 0
Squelette... normal
Articulations... normales
Peau - cuir chevelu - normaux
Gorge... normale
Ganglions... 0
Appareil respiratoire... normal
Appareil circulatoire... normal
Appareil digestif... normal
Hernies... 0
Organes génitaux... ectopie testiculaire facilement réductible à droite moins à gauche
Système nerveux... normal
Etat psychique et niveau mental... normal
tics... 0
incontinence d'urines... 0
Organes des sens... Audition... normale
Examen oculaire...
Etat général... satisfaisant
Remarques... Développement physique excellent embonpoint, bonnes réponses
Date... 11. X. 1942

April 1943
Scrounging for food in front of Toulouse Station in the rain.
Sous la pluie à la gare de Toulouse à la recherche de quoi manger.
Im Regen vor dem Toulouser Bahnhof beim Suchen nach Essen.

As soon as we alighted from the train at the Toulouse Railroad station, our escort bade us remain at the Station until further notice and disappeared. The four of us kids did not stand out, as the place was mobbed all night by a multitude of travelers who were no doubt waiting for a morning train and had nowhere else to go.

With the girls, we joined the mob and spent the night at the Station—again without food. Wandering about the Station entrance in the rain, we came upon a vendor of sausages. I recall the delicious aroma. We had no money and he did not take pity, despite our hangdog looks. Obviously, a poor soul standing in the rain at night, with a couple of franks to sell, did not have much wealth to share.

Notre escorte disparut à notre arrivée en gare de Toulouse à la recherche, probablement, de nouvelles instructions; la salle d'attente était comble d'autres pauvres diables sans logis. Nous avons passé la nuit là, de nouveau sans manger. Un pauvre hère s'était installé, devant la gare, sous la pluie, avec quelques saucissons chauds à vendre. Nous nous sommes promenés devant lui, en essayant d'avoir des airs d'affamés mais, rien n'y fit, il ne nous en donna pas.

En fait, il est évident qu'un pauvre type s'essayant à vendre des saucisses devant une gare, sous la pluie, au beau milieu de la nuit, n'avait certainement pas de quoi faire des cadeaux par les temps qui couraient.

In Toulouse verschwand unser Begleiter plötzlich, wahrscheinlich, um irgendwo neue Reiseinstruktionen zu besorgen. Ernst und ich und die Mädchen blieben die ganze Nacht im Bahnhofswartesaal, der voller Menschen war, ohne etwas zu essen zu bekommen. Vor dem Bahnhof war ein Stand, wo ein armer Kerl warme Würstchen verkaufte. Es regnete, und wir sind immer wieder dort vorbeispaziert, hoffend, daß er uns ein Würstchen schenken würde. Leider wurde nichts daraus.

Es ist aber doch anzunehmen, daß einer, der draußen nachts im Regen steht, um ein paar Würstchen zu verkaufen, kein Kroesus ist und auch nichts zu verschenken hat.

April 1943 Train—Toulouse to Valence (Drôme)

Continuing foodless train ride through splendid sunny Provence.
En train, affamés, à travers la Provence ensoleillée.
Zugreise durch die sonnige Provence.

We continued our foodless journey through the lovely countryside of Southern France. With gnawing starvation eating at my stomach, I had by now convinced myself that our escort had, for his part, eaten a delicious meal and slept in a cozy bed. It was fortunate that he disappeared for good at the Valence Rail Station because I had begun to hate this chap. A lady whom we came to know as Madame Sabatier took us in tow. She "parked" the four of us in a hotel room with a wartime Camembert cheese for supper. Starved as we were, we could not bring ourselves to eat this vile-smelling thing, so different from what we were used to, and left it under the mattress.

Le voyage continua direction Valence, traversant ces beaux paysages du Languedoc et de la Provence. Une journée entière en train me donna loisir de cogiter la traîtrise de notre escorte, car je me mis en tête qu'il avait très probablement bien mangé la veille, tandis que nous, moi surtout, avions crevé de faim. Je me mis à le haïr. Heureusement que, arrivés en gare de Valence, il disparut (probablement afin d'entreprendre une autre mission toute aussi dangereuse).

Une dame nous prit en charge et nous mena jusqu'à une chambre d'hôtel, à deux lits pour nous quatre. Elle nous laissa un fromage de Camembert en guise de dîner. Pouah!! Quelle horreur! Tout affamés que nous étions, c'était immangeable pour des amateurs de choucroute. Nous le laissâmes sous le matelas et il y est peut-être encore, à empuantir la vallée du Rhône.

Weiter ging es per Bummelzug Richtung Valence in der Drôme, durch die herrliche südfranzösische Landschaft, ohne etwas gegessen zu haben. So hungrig war ich jetzt, daß ich überzeugt war, daß unser Begleiter bestimmt irgendwo fein gegessen und in einem warmen Bett geschlafen hatte. Ich fing an, ihn zu hassen, gerade als wir in Valence ankamen und er endlich richtig verschwunden war.

Eine Dame nahm uns in die Stadt mit und brachte uns vier in einem Hotelzimmer mit zwei Betten unter. Sie ließ uns einen Camembert-Käse als Abendessen. Pfui!!! So etwas kannte man nicht in Becherbach, und so hungrig wir auch waren, konnten wir dieses bittere, stinkende Zeug nicht herunterschlucken. Es blieb unter der Matratze, bis es jemand wegen dem Gestank bestimmt fand und entfernte.

April 1943 Valence–St.Peray–Cévennes

With the two girls in tow, and accompanied by the OSE lady, we boarded a rickety bus in Valence for the ride into the Cévennes mountain range. The bus crossed the bridge over the Rhône River into Saint-Peray, right smack into a roadblock. We sat in the last row of the bus; a couple of armed fellows, in black uniforms, no doubt the dreaded and hated *Milice*, boarded the bus and checked I.D. papers, they gave up before they came to us. The OSE lady, who was most probably not on her first trip on this stretch of road, had obviously made us sit in the back of the bus in order to avoid, with a little luck, a close examination of the amateurishly-doctored travel-documents of the two Mauricet brothers, who were wanted, just for being alive.

It was then off towards the Cévennes Mountains, a wild land of goats, chestnuts and bramble, the famous *maquis*—which gave its name to the WWII French underground fighting groups—the *Maquisards*—and where Germans and their local minions, the French equivalent of the dreaded Gestapo, the *Milice*, rarely ventured. It would seem that the Mauricet boys could now begin to breathe easier; they were soon to be out of reach of the thugs with obviously sick minds, who were hunting them down, and wanted to do them in, for the simple reason that these little boys were breathing the same air as everyone else, on this planet Earth.

La représentante de l'OSE nous conduisit à un arrêt de bus d'où un autocar brinquebalant nous emporta en direction du Pont du Rhône. Arrivés sur l'autre rive, devant St. Peray, des jeunes armés, en uniformes noirs—de ces miliciens tant haïs sans doute—vinrent à bord du bus et demandèrent à vérifier les papiers d'identité. Le sort ou, plus que probablement, les expériences précédentes de notre accompagnatrice—voulut que nous cinq fussions assis tout au fond de l'autocar. Un des jeunes gars alla jusqu'à moitié du bus où sa paresse l'emporta sur son zèle; il fit demi-tour et s'en alla.

L'autocar se mit en branle et partit en branquebalant en direction des monts des Cévennes, pays de chèvres, de châtaignes et de maquis—pays sauvage que les Allemands et la Gestapo française, la Milice, visitaient à contre-coeur et aussi rarement que possible. Il semblerait que, finalement, les deux frères Mauricet, pourchassés comme des proies par des voyous de basse besogne, pour la simple raison que, innocemment, ils respiraient l'air du temps, l'air de la planète Terre, fussent à l'abri de leurs poursuivants.

In Valence begleitete uns die Dame der OSE zu einem alten Autobus und fuhr mit uns über die Rhônebrücke Richtung Saint-Peray und das Cévennes-Gebirge.

Kaum auf dem anderen Ufer, mußte der Bus halten; eine Gruppe bewaffneter Kerle, in schwarzen Uniformen, untersuchte die Papiere der Buspassagiere; ein Glück, daß wir ganz hinten saßen und die Kerle, die durch den Bus gingen, zu faul waren, um bis ganz hinten zu gehen, sonst hätten sie die schlechtgefälschten Mauricet-Papiere bestimmt ein bißchen außergewöhnlich gefunden. Die OSE-Dame hatte dieses Sitzarrangement bestimmt mit Absicht so gemacht, weil sie das Risiko einer gründlichen Reisepassuntersuchung vermeiden wollte.

Also es ging dann los, Richtung Gebirge, ein Land mit Ziegen, Kastanien und wildem Dornengestrüpp, das *maquis*, wo die Résistance–die Untergrundorganisation—der sogenannte *Maquis*—herrschte, und die Deutschen und die Vichy Gestapo—die *Milice*—sich so selten wie nur möglich hinwagten. Die Gebrüder Mauricet, die von blutrünstigen Raubmördern gejagt wurden, weil sie noch am Leben waren und die gleiche frische Luft wie alle andern Einwohner des Planeten Erde atmeten, sollten sich jetzt bald in Sicherheit befinden.

April 1943

"La Blachette", Vernoux d'Ardèche, France

The bus wound its way up a steep narrow road with innumerable curves and cutbacks until, after a scary ride, we reached the town of Vernoux-en-Vivarais. The daily arrival of the bus from the big city of Valence was a major event in this hilltop village as people hung about eyeing the new arrivals. A pair of young farm boys came to chat with our lady-escort whom they seemed to know. She represented herself as being a social worker looking after young wards of the State. Ernest and I were turned over to André Aubert, a dirt-poor tenant farmer; the two girls were told to follow his brother, a miller.

Râlant de peine, l'autocar se mit à grimper vers le sommet d'une route étroite, en lacets, jusqu'à ce que, après une montée qui n'en finissait pas, nous sommes enfin arrivés sans encombres à Vernoux en Vivarais, un village d'aspect provençal, avec ses maisons en moellons anciennement crépis d'un mortier tombé depuis des lustres et couvertes de ces tuiles en terre-cuite rouge-brun mi-rondes typiques du Midi.

L'arrivée de l'autocar de Valence, de la grande ville, semblait être un événement majeur, car beaucoup de badaux traînaient sur la Place pour voir qui allait et qui venait. Deux Vernousains vinrent échanger quelques paroles avec notre guide, qu'ils semblaient connaître.

Elle se faisait passer pour une assistante sociale plaçant des pupilles de la Nation.

L'un des hommes, genre garçon de ferme, dit aux frères Mauricet de le suivre tandis que les filles suivirent l'autre, plus élégant; en fait, ils étaient frères, l'élégant étant meunier et l'autre, André Aubert, fermier sur le lopin de colline appartenant à sa mère, anciennement métayère.

Die alte Postkutsche fuhr ins Gebirge herauf durch zahlreiche Kurven, bis wir endlich nach einer furchtbaren Reise auf dem Dorfplatz von Vernoux d'Ardèche ankamen.

Offensichtlich war diese Ankunft derPostkutsche ein besonderes Ereignis in diesem Dorf. Die Dorfeinwohner standen da und beobachteten, wer kam und wer ging. Zwei junge Männer schritten auf unsere Begleiterin, die sie anscheinend kannten, zu.

Nachdem sie miteinander etwas verhandelt hatten, wurden wir beide aufgefordert, mit dem jüngeren der beiden mitzugehen. Die Mädels gingen mit dem anderen, einem Müller, weg.

André helped us load our meager belongings on his cart, pulled by two mangy cows, and we were off to "La Blachette", a subsistence farm set on a hillside of bramble, pine and chestnut trees. The place belonged to his mother, an illiterate peasant woman who welcomed the cash income we brought. It is probable that her priest, Father Riou, had suggested she take in these children, as they could help on the farm and around the house.

The house was divided into two sections, with two cows, a pig and goats occupying one half, keeping the house warm with their body-heat in winter while ensuring a variety of strange new smells and flies, in the warmer months.

André Aubert, a decent fellow, took us to the farm next door as a form of introduction. No one was home, or, as André put it in the old *langue d'Oc*: "Ya dinjüe"; this was the Provençal language of these parts before the *langue d'Oïl* replaced it in the Middle Ages. After the Becherbach dialect of my childhood, I always listened attentively and applied myself to learning this lovely italianate tongue. It said something of the isolation of this remote mountainous area that modern linguistics had not yet penetrated into the backward Province of Vivarais, named after its former capital of Viviers.

André nous mena, à bord d'une charette tirée par deux vaches, à une fermette isolée au flanc d'une colline de genêts, de sapins et de châtaigniers, à l'intérieur de la fourche formée par les chemins allant de Vernoux à Silhac ou à Lamastre. Ce lieu-dit était "La Blachette", une maison de moellons divisée en deux, une moitié réservée au bétail: deux vaches, des chèvres et un porc, l'autre moitié aux humains avec, coiffant le tout, une grange à foin. Cette division permettait à la chaleur des animaux de chauffer la maison en hiver. Le désavantage était que, lors des mois chauds, les odeurs et les mouches remplissaient la maison. André, le cadet de treize enfants, était le dernier qui fut encore chez sa mère, la mère Aubert, analphabète et ancienne métayère qui avait été encouragée par son curé, le père Riou, à prendre ces enfants afin d'arrondir ses fins de mois. André, à l'opposé de sa mère, s'avéra être un bon gars. Il nous mena faire la connaissance de voisins, à quelques kilomètres de là, mais il n'y avait personne ou, ainsi que le dit André en langue d'Oc "Y'avait dingüe ma lou capras". Ce fut ma première leçon de cette belle langue d'Oc qui était un peu l'équivalent du *Mundart* de Becherbach, mais avait un son musical tout à l'opposé du guttural teuton.

Unser Bauernbub, ein netter Kerl namens André Aubert, hieß uns, unsere Sachen auf seinen Kuhkarren zu werfen. Dann ging die Fahrt los in Richtung "La Blachette"—ein armseliges Grundstück, das hauptsächlich mit Kastanienbäumen und Dorngestrüpp bewachsen war. Es gehörte einer alten, des Lesens und Schreibens unkundigen Bäuerin, die das Bareinkommen, das unsere Unterkunft erbrachte, benötigte. Wahrscheinlich hatte der Dorfpfarrer ihr empfohlen, auf diese Weise etwas Geld zu verdienen. Außerdem würde sie dadurch gleichzeitig ein wenig Hilfe bei ihrer Arbeit mit dem Vieh und auf dem Acker bekommen. Gott sei Dank gab es damals solche Leute, die zwar eigennützig waren, dafür aber nicht allzu viele Fragen stellten.

Das steinerne Bauernhaus bestand aus zwei Teilen. In der einen Hälfte waren zwei Kühe, Ziegen und ein Schwein untergebracht, in der anderen wohnten wir mit unserer Gastgeberin. Im Winter erhielt das eiskalte Haus wenigstens ein bißchen von der Wärme, das die Tiere abgaben, im Sommer dagegen zogen die Tiergerüche und die vielen Fliegen aus dem Stall direkt in den Wohnteil des Gebäudes.

Unser neuer Freund André ging sofort mit uns auf das nebenan liegende Gut, um uns dem Bauer vorzustellen. "Ya dinjue ma lou capras", meinte er, weil außer den Ziegen niemand dort war. Es wurden meine ersten Wörter in dieser wunderschönen *Langue d'Oc*, der alten Sprache, die seit Römerzeiten dort gesprochen wurde. Diese Art zu sprechen interessierte mich besonders, weil sie mich an meine eigene frühere Heimat erinnerte, wo man auch "anders", in der Mundart nämlich, sprach.

Wood was an all-important daily necessity for heating, cooking and illumination.
Pour la cuisine, le chauffage et l'éclairage: le bois est essentiel.
Holz wird zum Kochen, zum Heizen und zum Beleuchten benutzt.

1943 La Blachette-Vernoux/Vivarais

Wood was an all-important survival necessity; it was the only readily available cooking and heating fuel, and provided lighting after dark. With no electricity, the main room was, more or less, lighted by the fire burning in the huge fireplace. Felling trees, hauling logs, chopping firewood, were important Autumn activities of which we were expected to do our part. In the process of rearranging some logs prior to sawing, a log fell on my leg, incapacitating me until Spring.

Un des éléments essentiels à la survie en ces monts est le bois, car il sert non seulement au chauffage en hiver, qui est rude, mais également à l'éclairage et à cuisiner. L'abattage d'arbres, le débitage et la coupe de bois étaient donc des occupations importantes auxquelles nous devions participer.

Le fils de la maison, André, de vingt ans, se chargeait de l'abattage et de ramener les troncs jusqu'à la ferme à l'aide de l'attelage bovin—les deux vaches. Je finis par me fracturer quelque chose dans la jambe lors d'un excès de zèle à réarranger une pile de troncs. Je devins boiteux jusqu'au printemps.

An diesem weltabgeschiedenen Platz gab es weder fließendes Wasser noch Elektrizität, also mußte man mit Holz zurechtkommen —zum Kochen, Heizen und zum Beleuchten. Es wurde von uns beiden erwartet, daß wir dafür sorgen würden, obwohl der zwanzigjährige André derjenige war, der die Bäume fällte und sie mit Hilfe der beiden Kühe bis zum Hof schleppte.

Ernst und ich sägten die Baumstämme dann durch und spalteten das Holz mit der Axt zu Kleinholz. Ein Baumstamm fiel mir, wohl durch zuviel Eifer, so unglücklich auf ein Bein, daß ich dadurch gezwungen war, bis zum Frühjahr herumzuhinken.

The old woman owned a miner's lamp consisting of two connected cylinders; water, dripping from the top cylinder on pieces of calcium carbide, created acetylene gas which escaped with a hiss through a minuscule hole and, when lit, gave off a pale light. The danger of an explosion, and the cost of carbide kept its use to a minimum. The old crone, not relishing the idea of our telling anyone of our miserable condition, controlled our writing although she was illiterate. She did, however, have the cleverness to have us reread our writings to her, and she remembered every single word of her dictations, invariably thus: "I take a short break from my chores to tell you I am well and hope the same is true for you etc." She must have learned this turn of phrase from her children, who did learn the three Rs.

The most important problems were the constant hunger pangs, as she fed us whatever was available—chestnuts in season, potatoes and wheat cooked in goat's milk whey. In the Spring, we once ate kid's meat; sometimes we were given a piece of black chestnut bread. Mushrooms were plentiful in the nearby woods and, fried in oil with garlic, replaced meat. Goat's cheeses were bartered with the town baker's wife for an occasional bottle of olive oil. The two cows, being draft animals, gave no milk. Occasionally we "liberated" a goat's cheese from the wooden chest in her bedroom; it was delicious and filling, but this meager fare did not stick to the ribs of two growing boys.

La vieille avait bien une lampe de mineur à carbure, mais son usage était limité du fait du coût du carbure, du danger d'incendie et du risque d'explosion car le gaz éthylène, produit par ce machin est produit sous pression et hautement explosif.

La vieille surveillait ce que nous écrivions, quoiqu'elle fût analphabète—elle ne savait ni lire ni écrire—mais ne l'admettait pas. Ainsi, elle nous faisait relire ce que nous avions écrit sous sa dictée et nous avions droit à des injures, si la lettre ne commençait pas invariablement par sa formule rituelle à elle: "Je prends un instant de repos pour te dire que je vais bien, et que j'espère que toi aussi, etc etc".

Le manque de nourriture solide nous faisait souffrir ; elle nous donnait ce qu'il y avait en saison, donc des châtaignes sous toutes leurs formes en automne et en hiver, des champignons poêlés à l'ail tenant lieu de viande, de la soupe de blé au petit lait, et une fois, au printemps, de la viande de cabri. Elle se gardait les quelques fromages des chèvres pour les troquer contre de l'huile d'olive ou du pain. Nous avions également droit aux pommes du pommier et des cerises du cerisier. Tout cela n'était pas fait pour nourrir deux gosses en pleine croissance.

Die Alte hatte eine Karbidlampe, die man mit Kalziumkarbid und Wasser füllte und die nach Entzündung des Äthylengases ein helles weißes Licht verbreitete. Leider wurde wegen der Explosions- und Feuergefahr die Lampe nur sehr selten benutzt.

Also mußten wir die Schulaufgaben und die Briefe an unsere Tante Alma im Schein des Kaminfeuers schreiben. Die Dame, eine Madame Sabatier, die jeden Monat zum Bezahlen unserer Unterkunft kam, nahm unsere Briefe mit. Unsere Tante Alma war nach Ste. Lizaigne zurückgegangen, weil sie keinen anderen Ort wußte, wo sie hätte hingehen können. Unsere Briefe wurden unter dem Diktat der alten Hexe geschrieben und lauteten immer gleich "Ich mache einen Moment Pause, um Dir zu schreiben und Dir zu sagen, daß es mir gut geht, was ich auch von Dir hoffe, usw".

Die Alte, die ja weder lesen noch schreiben konnte, hatte diese rituellen Sätze irgendwie auswendig gelernt. Auch wenn die Briefe keine echten Nachrichten enthielten, so lieferten sie wenigstens den Beweis, daß wir noch am Leben waren.

Given our false papers, which indicated we were French from the Berry region, we were, of course, assumed to be Catholics. However, a most serious problem arose in that, in the course of our very first day at Catholic religious instruction, the Catechism, we both flunked the "making-the-sign-of-the-cross" test, a most unfortunate lacuna by our OSE briefers who should have instructed us in these Christian niceties; in fact, neither one of those two cute little Mauricet boys had the slightest inkling as to what was desired. Our mien must have been totally blank, when made to face our shortcoming. This being the case, we were deemed to be Protestants, who are not rare in this part of France, and not given to adoring idols or making the sign of the cross.

Protestants had been decimated during the Religious Wars in the 17th and 18th centuries, except in these rugged hills of the Massif Central, where a sizable Protestant minority survives to this day. It is most probable that had Father Riou, the Vernoux *curé*, gotten in touch with his colleague in Ste. Lizaigne, our supposed birthplace, the latter would have told him the truth—that it wasn't his fault if those two Jewish kids didn't know how to make the sign of the cross. Father Riou, who later spent time in Dachau for anti-German activity, no doubt kept this delicate piece of information *in petto*—to himself.

Étant donné que nos faux papiers indiquaient que nous étions nés en Berry, personne ne douta que nous ne fussions de bons petits catholiques jusqu'au moment où, ô malheur!, nous n'avons pas sû faire le signe de la croix, lacune impardonnable de la part de ces bonnes gens de l'OSE, qui auraient dû penser à nous faire répéter ce geste si important pour les adeptes à cette secte chrétienne-là. En fait, il fut immédiatement évident que, non seulement nous étions ignares du geste désiré, mais nous ne savions même pas de quoi il s'agissait. Cette ignorance complète en la matière avait dû se lire sur nos visages.

Dans ces conditions, ces Messieurs De La Foi décidèrent que nous étions sans doute protestants, car il en reste une importante minorité en ces lieux; ni ils adorent les statues, ni ils font le signe de la croix. En effet, les protestants furent persécutés jusqu'à leur presqu'extinction aux 17ème et 18ème Siècles; ils survécurent toutefois en ces monts rudes et difficiles d'accès aux troupes du Roi Soleil.

Il est plus que probable que le bon Père Riou, le curé de Vernoux, se soit mis en contact avec son collègue de Ste-Lizaigne qui lui avait peut-être indiqué que ce n'était certainement pas sa faute à lui si ces deux petits juifs ne savaient pas faire le signe de la croix. Le père Riou, qui fut par la suite interné à Dachau pour faits de résistance, avait certainement gardé cette information *in petto*, en lui-même

Da unsere gefälschten Papiere uns als Franzosen auswiesen, nahm man selbstverständlich an, wir wären katholisch, was wir auch behaupteten. Alles war in Ordnung, bis sich im Katechismusunterricht herausstellte, daß wir uns nicht bekreuzigen konnten. Nicht nur das, wir wußten überhaupt nicht, worum es ging. Von der katholischen Religion hatten wir nicht die geringste Ahnung. Unsere Unwissenheit stand uns bestimmt deutlich ins Gesicht geschrieben. Unsere OSE-Retter hätten sich das doch denken können!

Daraufhin dachte man, daß wir bestimmt Protestanten wären, weil diese, die in diesem Teil Frankreichs eine wichtige Minorität darstellen, sich anscheinend nicht bekreuzigen. In den Religionskriegen des 17. und 18. Jahrhunderts wurden die Protestanten erbittert bekämpft, aber diese rauhen Berge wurden für sie zu einem einigermaßen sicheren Zufluchtsort, genau so wie sie es nun für die Gebrüder Moritz waren.

Wahrscheinlich stand der gute Vater Riou, der später wegen seiner Aktivität im Untergrund nach Dachau kam, mit seinem Kollegen in Ste-Lizaigne in Kontakt. Dieser hätte ihm dann auch gewiß die Wahrheit gesagt und daß es doch seine Schuld nicht war, daß diese zwei *Juddebube* nicht wußten, wie man richtig das Kreuzzeichen machte. Der brave *curé*, der Pére Riou, hat diese Information bestimmt *in petto*—für sich selbst—behalten.

Approximately 1.5 million children under the age of fifteen died during the Holocaust. It destroyed the faith of the world in the goodness of human beings.

Dear aunt!

We haven't written to you since we are here. We're not at "Le Masgelier" anymore since a month. We haven't written because we can only write twice a month. So don't worry about us. We are with a family in the Ardèche. We are OK. How are you? Say hello to Miss Foerster. If you don't get any mail from us, don't worry. Next time we'll write will be May 5. Many kisses. See you soon

(s) Alfred Mauricet

(The letter indicates that we had been in the Ardèche since March 1943.)

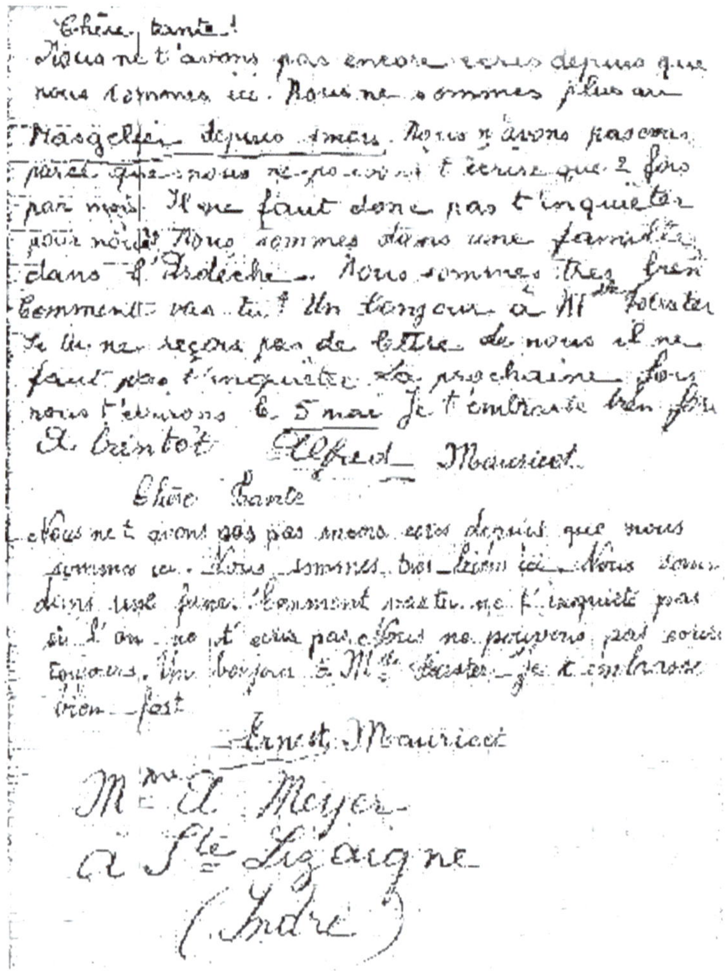
Chère tante!
Nous ne t'avons pas encore écrit depuis que nous sommes ici. Nous ne sommes plus au Masgelier depuis 1 mois. Nous n'avons pas écrit parce que nous ne pouvons t'écrire que 2 fois par mois. Il ne faut donc pas t'inquiéter pour nous. Nous sommes dans une famille dans l'Ardèche. Nous sommes très bien. Comment vas-tu? Un bonjour à Mlle Foerster. Si tu ne reçois pas de lettre de nous il ne faut pas t'inquiéter. La prochaine fois nous t'écrirons le 5 mai. Je t'embrasse bien fort. À bientôt Alfred Mauricet.

Chère tante
Nous ne t'avons pas encore écrit depuis que nous sommes ici. Nous sommes très bien ici. Nous sommes dans une ferme. Comment vas-tu. Ne t'inquiète pas si l'on ne t'écrit pas. Nous ne pouvons pas écrire toujours. Un bonjour à Mlle Foerster. Je t'embrasse bien fort
Ernest Mauricet

Mme A. Meyer
à Ste Lizaigne
(Indre)

Un million et demi d'enfants périrent pendant la période connue par la suite du nom de "Holocaust". Dorénavant, le monde ne crut plus en la bonté du genre humain.

(Les lettres semblent indiquer que nous étions en Ardèche depuis fin mars 1943)

Chère tante!

Nous ne t'avons pas encore écrit depuis que nous sommes ici. Nous ne sommes plus au Masgelier depuis un mois. Nous n'avons pas écrit parce que nous ne pouvons t'écrire que 2 fois par mois. Il ne faut donc pas t'inquiéter pour nous. Nous sommes dans une famille dans l'Ardèche. Nous sommes très bien. Comment vas-tu? Un bonjour à Mlle. Foerster. Si tu ne reçois pas de lettre de nous il ne faut pas t'inquiéter. La prochaine fois nous t'écrirons le 5 Mai. Je t'embrasse bien fort. A bientôt.

(s) Alfred Mauricet.

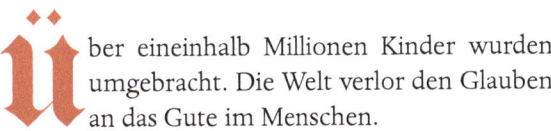

Über eineinhalb Millionen Kinder wurden umgebracht. Die Welt verlor den Glauben an das Gute im Menschen.

(Aus dem Inhalt des Briefes läßt sich schließen, daß wir Ende März 1943 in der Ardèche ankamen)

Liebe Tante!

Seitdem wir hier sind, haben wir noch nicht geschrieben. Im Le Masgelier sind wir seit einem Monat nicht mehr. Wir haben nicht geschrieben, weil wir nur zweimal im Monat schreiben können. Also mach Dir keine Sorgen. Wir befinden uns bei einer Familie in der Ardèche. Es geht uns gut. Wie geht es Dir? Bitte grüße die Fräulein Foerster. Im Fall Du keine Post von uns bekommen solltest, mach Dir keine Sorgen. Das nächste Mal werden wir am 5.Mai schreiben. Viele Küsse. Bis bald

Alfred Mauricet

Alone in the World! ❧ **Seuls au monde!** ❧ **Mutterseelenallein!**

Alfred Mauricet, ex-Moritz, was now considered a Catholic who went by the sobriquets of either "Refred" or "Ricet"; his brother Ernest Mauricet became known as "Renesse".

The widow Aubert, who had become our warden, led a hardscrabble existence on a subsistence farmlet in the remote hills of the Cévennes range. Her only cash income was the monthly stipend she received from OSE for harboring us—the poverty of this region being instrumental in saving lives. Besides herding our flock of goats and two cows, I was "farmed out" nearby to help with the potato harvest. Payment consisted of a sack of potatoes—a welcome addition to our diet of black chestnut bread soaked in salted goat milk.

Although illiterate, our widow did own an illustrated children's catechism book which Refred, being an avid reader, learned by heart while herding her two cows and goats. I thus became the star pupil at Catholic catechism classes in the imposing Vernoux church. We learned that there existed, in this wonderful set of beliefs, a Savior who preached a Gospel of Love—a very surprising discovery for a thirteen year-old boy who thought to himself that, if this be love when THEY want to kill me, it's a good thing that THEY don't preach hatred.

Jews did not exist in these mountains and would have been considered a curiosity; they had been exterminated in the Middle Ages and their existence was mentioned only once a year, during Easter Mass.

Après une courte période de protestantisme, on nous reprit chez les catholiques et le "Refred Ricet" et le "Renesse" devinrent parmi les meilleurs élèves de Monsieur le Curé Riou, qui savait très probablement à quoi s'en tenir à notre sujet.

La veuve Aubert, quoiqu'analphabète, avait un catéchisme de gosse, illustré, que je lisais, à défaut du Jules Verne de Mr Prot, en gardant mon troupeau.

Le revenu de cette dame consistait uniquement en la prébende qu'elle recevait mensuellement de l'OSE ; il était évident que la pauvreté de ces lieux rendait la tâche de l'OSE plus facile.

Nous allions assidûment au "Caté" et apprîmes qu'il existait, en cette merveilleuse Foi, un Sauveur qui prêchait l'évangile de l'amour de son prochain. En gosse de treize ans, je me suis interrogé en vain au sujet de ce mystère car, si ça c'est de l'amour et ILS veulent ma peau, bien heureux qu' IL ne prêche pas la haine.

Le fait que nous nous disions catholiques a certainement semblé logique; il était connu que notre "pays", le Berry, était catholique car il y avait belle lurette que les troupes du Roi Soleil et de son petit-fils Louis le Bien-Aimé avaient soit massacré, soit envoyé aux galères, les protestants berrichons.

Les juifs avaient, quant à eux, été éliminés au lointain Moyen-Age et n'étaient mentionnés qu'au cours des messes de Pâques.

Nach kurzer Zugehörigkeit zu den Protestanten wurden wir doch endlich Katholiken. Vater Riou, der Pfarrer von Vernoux, nahm uns wieder in die katholische Kirche—die allein angeblich die reine Wahrheit besaß—auf. Wir gingen nach der Schule fleißig in den Katechismusunterricht.

Dort wurde uns beigebracht, daß es in diesem wunderbaren Glauben einen Messias gab, der das Evangelium der Liebe predigte. Da hat sich der 13-jährige Alfred gewundert, wie dies möglich sei, "denn die, mit ihrer Liebe wollen mich unbedingt umbringen. Was wäre erst, wenn die mich nicht lieben würden?" Auf dieses Rätsel fand er keine Antwort. Auf dem Bauernhof gab es nur den Katechismus als einzigen Lesestoff. Durch das ständige Lesen dieses einzigen Buches, vor allem während des langweiligen Ziegenhütens, wurde ich natürlich der allerbeste Schüler im Religionsunterricht.

Es war bekannt, daß es in "unserer" Gegend, der Provinz Berry, überhaupt keine Protestanten mehr gab. Dort wurden absolut alle zur Zeit des Sonnenkönigs und seines Enkels, Ludwig des XVten, *le Bien-Aimé* (der "Beliebte") genannt, umgebracht. Die Männer wurden versklavt, mußten zumeist auf Galeeren schwerste Arbeit verrichten, bei der viele schon nach kurzer Zeit an Erschöpfung starben.

Hier in den Bergen des Vivarais konnten manche überleben. Deswegen gibt es dort noch heute evangelische Kirchen. Jude sein ist in dieser Gegend kein Begriff, weil alle Juden im Mittelalter "eliminiert" wurden. Also war die Gegend *judenrein* und das Wort *Jude* wurde nur während der Ostermesse erwähnt.

Running barefoot to school through the woods holding our wooden clogs.
A l'école; pieds-nus à travers bois, sabots à la main.
Zur Schule, barfuß mit den Holzklumpen in der Hand.

The Mauricet brothers attended the Vernoux Elementary School three or four miles distant, as the crow flies, from the Aubert homestead, La Blachette, in the hills. Barefoot in our straw-filled wooden clogs, we ran through the woods to attend school in the mornings and most days returned to tend to the farm animals in the afternoon.

Our teacher, Mr. Gounod, was unhappy with this part-time attendance and threatened to denounce us if we did not improve our school attendance. He did not make clear to whom and for what he would denounce us, although we immediately understood his meaning.

With Alfred's wooden clogs falling to pieces, Mr. Gounod bade each student to bring supplies to a Saturday "Manual Labor" class so that Alfred's clogs could be rubber-soled before the onset of winter.

Nous allions à l'École Communale de Vernoux distante, à vol d'oiseau, de quelques trois ou quatre kilomètres. Nous y courions nu-pieds à travers les bois, nos sabots de bois à la main. L'après-midi, la vieille nous encourageait à garder les chèvres ou à aider aux champs, plutôt que retourner à l'école. Mon instituteur, M. Gounod, voyait ceci d'un mauvais oeil et vint me menacer de me dénoncer si je ne venais pas régulièrement en classe; ce n'est que plus tard que me vint l'idée de ce qu'il voulait dire par là.

Après ces menaces, nous nous sommes efforcés d'être plus assidus aux cours. La preuve que Mr Gounod ne me voulait pas de mal, vint le jour d'hiver où il se rendit compte que mes sabots étaient en train de tomber en morceaux; il demanda à chaque élève d'apporter, qui un vieux pneu, qui quelques clous, qui un marteau, qui un grand couteau, et ils se mirent, en classe de "Travaux Manuels", toute la classe ensemble, à ressemeler mes vieux sabots de bois; ainsi je pouvais continuer à porter ces vieux sabots. En effet, des sabots neufs auraient demandé des mois d'ampoules à étrenner.

Die Gebrüder Mauricet gingen in die Volksschule in Vernoux, drei oder vier Kilometer von dem Bauernhof entfernt.

Wir liefen barfuß durch den Wald, unsere Holzschuhe in der Hand. Wir gingen meistens nur morgens in die Schule, weil die Alte uns nachmittags wegen der Tiere benötigte. Unser Lehrer, Monsieur Gounod, wurde einmal böse und drohte, er würde uns anzeigen, wenn wir nicht regelmäßig die Schule besuchen würden. Weshalb er uns ausgerechnet mit einer Anzeige bestrafen wollte, das sagte er uns nicht, auch nicht, bei wem er uns anzeigen wollte. Aber wir verstanden ihn doch.

Der Beweis dafür, daß der Lehrer es nicht böse mit uns meinte, ließ nicht lange auf sich warten. Als er nämlich feststellte, daß meine Holzklumpen fast durchgebraucht waren, bat er jedes Schulkind, von zu Hause etwas für die Werkstunde mitzubringen, Nägel, einen alten Gummireifen, Werkzeug usw., und die ganze Klasse reparierte meine Holzschuhe, so daß ich auch den Winter über im Schnee laufen konnte.

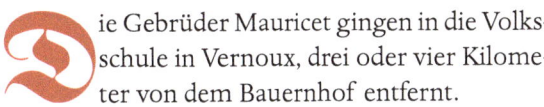

Devil's Bridge on the road to Silhac.
"Pont du Diable" sur la route de Silhac.
"Die Teufelsbrücke" auf dem Waldweg Richtung Silhac.

While tending the flock, we often wandered to the bottom of the hills. There was a lovely small waterfall next to a large body of shallow water—a natural pool—where, to our delight, someone had either forgotten, or laid out, two still damp boys' swimming trunks. Wearing our newly-acquired trunks, we were playing in the water when two nuns from the nearby Catholic children's home bade us return the trunks forthwith. Here we were then, naked as the day we were born, forced to undress under the prying eyes of the nuns and with the snickering of the kids in our ears. The event was traumatic, as the cardinal rule for potential survival was, for boys, never, ever, ever, to show one was circumcised. The episode was strange, the laying of the trunks like a premeditated lure—and I wondered if this had not, in fact, been an entrapment in order to determine if we were Jewish.

En gardant nos biquettes dans les bois, nous descendions parfois au torrent, à côté du Pont du Diable, sur la route de Vernoux à Silhac. Il y avait là un barrage naturel, un plan d'eau, une piscine naturelle. Des enfants de la colonie de vacances voisine avaient laissé sur les roches deux caleçons de bain de notre taille, encore humides ; une invitation à se déshabiller, à mettre ces maillots de bain et d'aller se plonger dans cette eau si claire.

Nous étions en train de barboter dans l'eau, lorsque apparurent deux soeurs en habit, accompagnées d'une bande de garçonnets; les soeurs nous rabrouèrent d'avoir volé ces maillots et en demandèrent la restitution sur le champ. Elles nous regardèrent, nus comme des vers, remettre nos vêtements de chevriers.

Nous avions enfreint à la règle d'or du survivant potentiel: ne jamais, absolument jamais, montrer que l'on était circoncis, donc juif. Cet épisode était étrange, et comme prémédité, comme si quelqu'un avait voulu nous tenter avec ces maillots de bain, afin de jeter un regard sur notre sexe.

Beim Geißenhüten sind wir des öfteren bergab bis ganz unten in die Nähe einer Sägerei gekommen. Dort neben der Teufelsbrücke, dem *Pont du Diable*, an der Waldstraße Richtung Silhac, gab es einen kleinen Wasserfall mit einem Teich, einem Schwimmbad. Auf dem Felsen dort lagen zwei Schwimmhosen genau in unserer Größe, die offensichtlich jemand vergessen hatte. Solch eine Einladung zum Baden kommt nicht oft vor. Wir nahmen sie gerne an.

Kaum waren wir im Wasser, als ein paar Nonnen, von einer Schar Kinder begleitet, auf uns zukamen und verlangten, daß wir sofort, *illico presto*, die Hosen ausziehen sollten. Da standen wir splitternackt auf den Felsen, während die Gruppe uns anschaute. Dies war das erste Mal, daß wir uns nackt zeigten, so daß ein jeder sehen konnte, daß wir beschnitten, also jüdisch waren.

Dieser Vorfall war sehr eigenartig und wie mit Vorbedacht arrangiert. Es schien fast so, als ob man uns nackig zu beobachten gesucht hätte.

Sleeping in the hayloft with the rats.
La nuit dans la grange à foin avec les rats.
Nachts im Heuschuppen mit den Ratten.

The *veuve Aubert*, as she liked to be called, had had thirteen children; this many pairs of arms had been a welcome free workforce on the tenant farm. The farmhouse was too small to accommodate them and their offspring on their occasional visits; the brothers Mauricet—not yet in their teens—were sent off to spend the night in the loft, home to families of rodents, which did not seem to appreciate this disturbance to their usual routine. They scurried about as soon as we appeared. Their domain was the repository for hay and straw and we now faced the delicate decision of exactly where, and on what herb, to bed down for the night. Since the rodents were everywhere, there was actually no solution to our quandary and we usually bedded down in the middle of the loft, clinging to each other, wrapped in smelly tarpaulins, and hoping for the best. It is probable that these rats or mice were as scared of us as we were of them; they never did attack us.

La veuve Aubert avait eu treize enfants. Cette douzaine de paires de bras avait été la bienvenue pour les travaux à l'ancienne ferme, que les Aubert, de la vie du père, avaient en métayage. Les enfants, adultes, revenaient montrer à leurs enfants à eux, comment ça avait été là haut, dans le temps, chez la grand-mère.

Les frères Mauricet devaient alors faire place à la famille; on les envoyait passer la nuit dans la grange.

Ce grenier à paille et à foin était l'habitat de familles de rongeurs de la pire espèce, que le Renesse et le Refred supposaient être des rats des champs. Ils n'appréciaient guère nos allées et venues en leur habitat et couraient, à qui mieux mieux, à notre venue. Il fallait donc décider à quel endroit exact il valait mieux se coucher, à droite, sur la paille, ou à gauche, sur le foin. Les bestioles étant partout, nous nous couchions, serrés l'un contre l'autre, sous une bâche puant le bouc, au beau milieu de la grange.

Les rats étaient aussi terrifiés que nous deux; toujours est-il qu'ils nous laissèrent tranquilles.

Die Witwe Aubert hatte dreizehn Kinder auf die Welt gebracht. Sie halfen als Kinder auf dem früheren Pachtgut. Jetzt brachten sie ihre eigenen Kinder mit, um denen zu zeigen, wie es dort oben, im Gebirge, damals war. Bei der Alten hatten sie als Kinder genau so wenig zu lachen gehabt, wie wir es jetzt hatten.

Das Haus war viel zu klein, um diese Besucher zu beherbergen; also wurden Renesse und Refred in die Scheune geschickt, um dort zu übernachten. Nagetiere hatten ihre Heime dort oben und fanden diese Besucher störend. Sobald wir in die Speicherscheune hereinkamen, liefen die Tiere, große, kleine und winzige, hin und her. Wir mußten uns jetzt entscheiden, wo wir die geringste Chance, gebissen zu werden, hatten. Es gab eigentlich keine Lösung, und wir haben uns meistens in der Mitte des Speichers eng aneinandergeschmiegt unter einer stinkenden Zeltbahn hingelegt.

Die Ratten und Mäuse hatten bestimmt so viel Angst vor uns, wie wir vor ihnen Angst hatten. G.s.D. sind wir nie gebissen worden.

"La Blachette", VERNOUX D'ARDECHE, FRANCE

As the homestead did not have running water, we hauled it with a pail from a waterhole—downhill from the manure pile. We did our homework and wrote the occasional letter to our aunt Alma by the light of the log fire in the chimney, which was also used for cooking. The lone kerosene lamp was only used whenever "company" was present.

La fermette n'avait pas l'eau courante; il fallait donc aller chercher l'eau à une source en aval d'un tas de fumier. Nous faisions nos devoirs et écrivions nos lettres à la lumière du feu de la cheminée, la lampe à huile étant réservée pour les rares visites.

Das Wasser wurde mit einem Eimer von einem Wasserloch heraufgeschleppt. Die Schulaufgaben sowie die Briefe an unsere Tante Alma wurden im Schein des Kaminfeuers angefertigt. Die einzige Kerosinlampe wurde nur bei Besuch benutzt.

Mme. Sabatier acted as our mailman, picking up and delivering our mail. Our aunt Alma, using the *nom de plume* of Lotti wrote to us in care of *UGIF-3ème Bureau*. Little did our aunt, or we, know that we were inside the wolf's very lair, as the acronym UGIF stood for the innocent-sounding "General Union of Israelites in France"—a German-controlled front, similar to the *Judenräte* of the Polish ghettos. This Nazi control was not, initially, known to the courageous operatives of OSE, whose activities, including the names and exact whereabouts of their wards, were available to the killers. By 1943, as this choking control had become more ominous, OSE went completely underground and smuggled most of its personnel and many children out of France, mostly to Switzerland.

Someone at OSE must have felt that, either the cover for the Mauricet brothers was deep and safe enough, or that we were too far away. Thus, we stayed on our remote hillside.

Mme. Sabatier faisait office de facteur, apportant et emportant notre courrier. Les lettres de notre tante, qu'elle signait *Lotti*, passaient par "UGIF, Troisième Bureau-Santé" (Union Générale des Israélites de France), une création de Vichy, dans laquelle l'OSE avait été incorporé début 1942; sans le savoir, nous étions donc dans la gueule du loup. Lorsque l'étranglement de l'OSE devint plus apparent, vers fin 1943, les cadres et la plupart des enfants furent passés à l'étranger, surtout en Suisse.

Soit on oublia les frères Mauricet, soit on décida qu'ils étaient bien, là où ils étaient—on nous laissa donc sur notre lopin de colline.

Madame Sabatier diente uns als Postbote. Briefe, die unsere Tante Alma an uns schrieb und mit *Lotti* unterzeichnete, gingen über die *UGIF, Troisième Bureau-Santé* (Union der Israéliten Frankreichs), eine angeblich jüdische Organisation, zu der die OSE ab 1942 gehörte. Wir und viele Mitabeiter wußten nicht, daß UGIF ab 1942 eine Einrichtung der Regierung, genau wie die Judenräte in den im Osten liegenden Ghettos, geworden war, also unter deutscher Kontrolle stand.

Nach dieser Annektierung fing die OSE allmählich an, Mitarbeiter und Kinder aus Frankreich ins Ausland, hauptsächlich in die Schweiz, zu schmuggeln, bis fast alle draußen waren.

Die beiden *frères Mauricet* wurden entweder vergessen, oder man hatte entschieden, daß sie in ihrem Gebirge in Sicherheit waren. Also blieben wir bei der Alten auf unserem schönen Hügel.

le 29. mai 1943.

Chère tante !

Nous avons eu la joie de recevoir ta lettre. Nous allons très bien. Nous sommes en bonne santé tous les deux. Nous sommes très bien. Nous sommes dans une petite ferme. Il y a deux vaches et des chèvres. Comment te portes tu ? Je vais à l'école ainsi que Ernest. Bientôt je vais avoir 13 ans, alors je serai déjà un grand garçon. J'ai beaucoup de petits camarades ici. Je termine ma petite lettre en t'embrassant bien fort.

Alfred

Chère tante !

Nous étions heureux de recevoir votre lettre. Nous allons très bien. Comment vas-tu chère [illegible] allons à l'école. Je mesure [illegible] grande de [illegible] un peu dans la ferme. Je t'embrasse bien fort.

Ernest.

[illegible]
[illegible]
([illegible])

Prière d'adresser votre réponse à :
l'UGIF 3ème Direction Santé
10 rue de l'Équerre
Valence
Drôme

Dear Aunt,   May 29,1943

We were happy to receive your letter. We are very well. Both of us are in good health. We are very happy. We are on a small farm. There are two cows and some goats. How are you? I go to school, as does Ernest. I'll be 13 soon and then I'll be a big boy. I have a lot of friends here. I close my little letter with many kisses   Alfred

Dear aunt!

We were happy to receive your letter. We are very well. How are you? We go to school. I am ****? tall. I grew by 5cm. We work some on the farm. I send you many kisses

Ernest

Madame Alma Meyer
Sainte Lizaigne (Indre)
(Added in another hand, presumably Mrs. Sabatier:)
"Please send answer to:
UGIF 3eme Direction Santé
10 rue de l'Equerre. Valence (Drôme)
(UGIF= Union Générale des Israélites de France).

29 Mai 1943

Liebe Tante!

Wir haben uns über Deinen Brief sehr gefreut. Es geht uns gut. Wir sind beide gesund. Wir sind sehr glücklich. Wir befinden uns auf einem kleinen Bauernhof. Hier gibt es zwei Kühe und mehrere Ziegen. Wie geht es Dir? Ich gehe in die Schule, Ernst auch. Bald werde ich 13 Jahre alt und dann bin ich ein großer Junge. Ich habe viele Freunde hier. Ich schließe mit vielen Küssen.

Alfred

Liebe Tante!

Wir sind froh, einen Brief von Dir zu erhalten. Es geht uns sehr gut. Wie geht es Dir? Wir gehen in die Schule. Ich messe **?**. Ich bin 5cm. größer geworden. Wir arbeiten auf dem Bauernhof. Viele Küsse.

Ernest

(Andere Schriftart: Bitte Antwort an folgende Adresse schicken:
UGIF 3eme Direction Santé
10 rue de l'Equerre
Valence (Drôme)

1943–1944 La Blachette, Vernoux d'Ardèche

Hunger and, in winter, cold, were our constant companions. Hunger caused us terrible suffering—especially in winter when, combined with the miserable cold, it became all-consuming. It was possible, more or less, to surmount the cold by covering our feet with straw-lined clogs; by huddling close to animals for body heat, for their warm breath; or simply by stomping in place. But the quintessential hunger is a relentless gnawing: it suffuses the brain—it nauseates to the core. This hunger is diabolical—it gnawed at our entrails until we could think of nothing else.

The farmstead attempted to raise a pig on field herbs, chestnuts and scraps; given the dearth of feed, the pig turned out to be mean and lean, with lovely ballerina legs—a kind of racing pig who could really move and, more than once, attempted to bite us.

Having stolen some eggs, we came up with the clever idea of boiling them in the pig's slop. We thus learned the hard way that eggs take on the taste of that in which they are cooked. This became our one and only attempt at clever improvisations and, from then on I, for my part, ate eggs raw. Our dog, a foundling we named "Blackie", thought "eggs à la slop" were very tasty.

La faim nous faisait terriblement souffrir, car ce qu'on nous donnait à manger ne collait pas au ventre. Cette faim tenace était complétée, en hiver, par le misérable froid de ces hauteurs. Il est possible de, plus ou moins, surmonter le froid en s'enveloppant les pieds de paille, en se tenant près des animaux qui émettent de la chaleur ou en simplement sautant sur place, mais la faim—cette vraie faim qui ronge, qui monte à la tête, qui donne la nausée—cette faim-là est diabolique, elle vous ronge les entrailles et ne s'oublie jamais.

La fermette avait son cochon qui était, tout comme nous deux, nourri plus ou moins régulièrement; nous lui donnions ce qui traînait par là, des herbes des champs, des châtaignes et ce qui restait d'épluchures et autres déchets de cuisine. Dans ces conditions, cela donna un cochon vicieux, svelte, aux jambes gracieuses d'un coureur cycliste, une espèce de cochon de course.

Toujours à la recherche de quoi nous mettre sous la dent, nous sommes arrivés une fois aux nids des poules avant la marâtre et avons mis quelques oeufs à cuire dans la nourriture de notre porc. Nous avons ainsi appris une fois pour toujours que les oeufs prennent le goût du voisinage—la potée du porc, en l'occurrence. Par contre, Blackie, notre copain-chien, trouva ces oeufs-là tout à fait à son goût. De mon côté, je me mis, à partir de ce moment-là, à gober les oeufs crus.

Dauernd hatten wir Hunger. Nicht nur Hunger, wie man manchmal zwischen den Mahlzeiten hat, sondern so einen richtigen, magenkratzenden Hunger, der bis oben in den Kopf hereingeht und dauernd vorhanden ist, den man nie vergessen kann. Mit Kälte kann man eventuell zurechtkommen, indem man herumspringt, Stroh in die Klumpen steckt oder in der Nähe der Tiere, die Wärme abgeben, bleibt. Hunger ist eine ganz andere Sache, weil man damit nichts anfangen kann. Das einzige Gegenmittel ist etwas essen—sofern etwas da ist.

Wir hatten auch ein Schwein, nur war es kein normales, übliches, fettes Schwein, sondern eine Art von Rennschwein, mit langen graziösen Beinen, die bei einem Schwein nicht so passend sind. Mit Schinken durfte man nicht rechnen. Dieses Rennschwein bekam auch nicht viel zu essen und hatte selbstverständlich deswegen keinen Speck unter der Haut. Es bekam, was wir an Wurzeln, Kartoffelschalen usw. finden konnten. Kein Wunder, daß das arme Tier ewig schlechter Laune war und uns am liebsten gebissen hätte.

Einmal haben wir gestohlene Eier im Schweinekessel gekocht. Einmal und nicht wieder! Sie schmeckten furchtbar. Blackie, unser Hund, fand die Schweinekesseleier erstklassig. Ich selbst fing damals an, rohe Eier einfach herunterzuschlucken.

1943–1944

Hungry and in freezing cold, we were made to herd our flock of goats even in the vilest weather as, we soon learned, shrub oaks keep their leaves until late winter, thus providing a kind of fresh fodder for goats. One saving grace was the warm, straw-filled, rubber-soled, wooden clogs which kept feet dry and warm.

Ce n'est pas le froid et la neige qui empêchaient notre marâtre de nous envoyer dans les bois, en hiver, garder les chèvres, car il n'y avait pas assez de foin jusqu'au printemps; en effet, la nature avait bien mal fait les choses car, ce que nous ne savions pas, c'est que les chênes de notre colline gardaient leurs feuilles même en hiver, donnant ainsi quelque chose à manger à ces pauvres biquettes, même sous la neige, Heureusement que mes sabots de bois, bourrés de paille et nouvellement ressemelés de caoutchouc, tenaient les pieds au chaud.

Sogar im tiefsten Winter mußten die Ziegen heraus in den Wald, weil die Alte nicht für genügend Futter bis zum Frühling vorgesorgt hatte. Eichen behalten in dieser Gegend ihre Blätter bis fast zum Frühling, so daß die Ziegen etwas zum Fressen finden. Leider aber mußten wir auch mit heraus, ob Eiseskälte herrschte oder ob Tiefschnee lag. Ein Glück war es, daß wir strohgefüllte Holzklumpen hatten, so daß wenigstens unsere Füße schön warm waren.

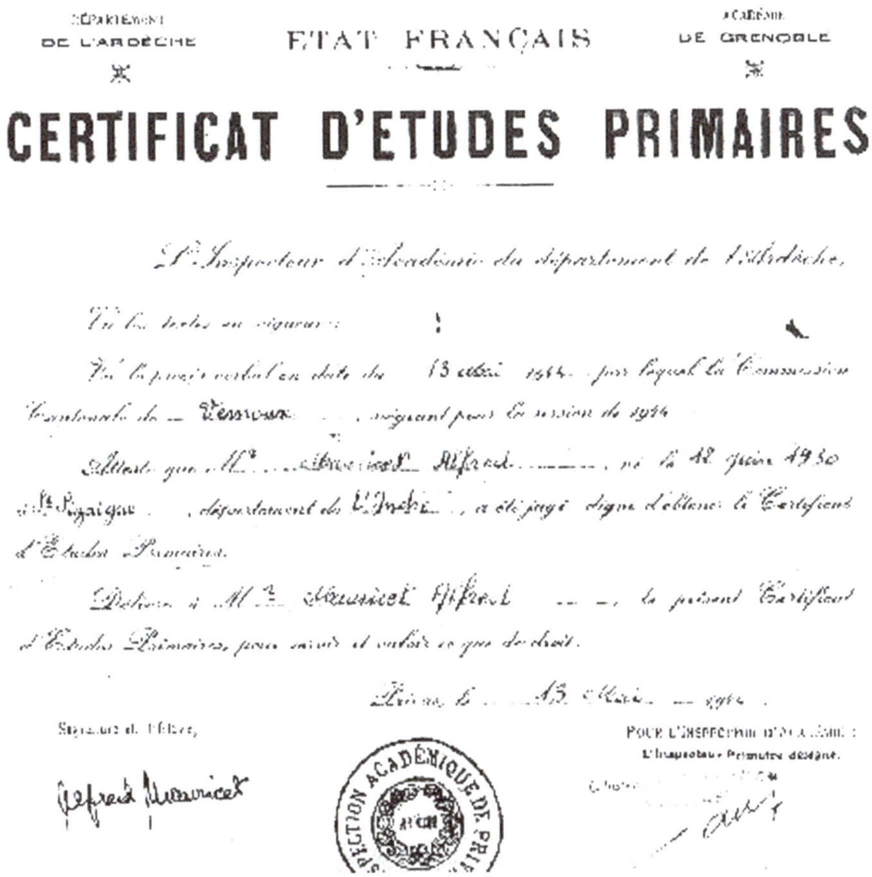
DÉPARTEMENT DE L'ARDÈCHE

ÉTAT FRANÇAIS

ACADÉMIE DE GRENOBLE

CERTIFICAT D'ETUDES PRIMAIRES

L'Inspecteur d'Académie du département de l'Ardèche,

Vu les textes en vigueur ;

Vu le procès-verbal en date du 13 Mai 1944 par lequel la Commission Cantonale de Vernoux siégeant pour la session de 1944

Atteste que M. [illegible] Alfred, né le 18 juin 1930 à St [illegible], département de l'Indre, a été jugé digne d'obtenir le Certificat d'Études Primaires.

Délivre à M. [illegible] Alfred le présent Certificat d'Études Primaires, pour servir et valoir ce que de droit.

[illegible], le 13 Mai 1944.

Signature de l'Élève,

POUR L'INSPECTEUR D'ACADÉMIE :
L'Inspecteur Primaire délégué.

INSPECTION ACADÉMIQUE DE PRIVAS

"La Blachette" Vernoux d'Ardèche 1943–1944

Our warden and nemesis, the widow Aubert, had periodic attacks of viciousness when she would vent her hatred. On one such occasion, her bile came out in a particularly nasty fashion; she told us, with a sneer, that we best resign ourselves to the fact that our parents were no more, that we were to stay on the farm with her and the goats forever. She alone would decide our future. Our rage, our hatred and our fury led us to charge her with the farmer's weapon of choice—his pitchfork. In the face of our threats, she recanted and we went back to our chores, but never forgot, or forgave, her vicious meanness. Obviously, she was one more person not to be trusted. Was there no one, on this wide Earth, whom two children, alone in this world, could trust without reservation and without second-thought?

There was, in fact, such a place on this wide Earth. Only in Denmark were Nazi laws not obeyed. Every single Danish Jew survived and found his home untouched after the War. The totality of the Danish People earned the name "Righteous among the Gentiles".

La vieille, dans un de ses moments de rogne, nous dit que, de toutes façons, nous aurions intérêt à nous résigner à rester avec elle et ses chèvres, car elle savait nos parents morts. Elle seule déciderait de notre avenir. De fureur, de rage et de dépit, nous l'avons attaquée avec nos fourches, sans pourtant, heureusement, la toucher. De peur, elle se récusa, mais cet épisode marqua un tournant dans nos relations avec elle, car nous sentions que son venin était vicieux et dangereux—encore une personne de plus de laquelle il fallait se méfier. N'existait-il donc aucun être humain, sur cette grande terre des hommes, en lequel deux enfants, seuls en ce monde, pouvaient avoir confiance, sans arrière-pensée et sans méfiance?

Il existait un tel endroit après tout.

Il s'avéra, après la Guerre, que seul le Danemark, quoique sous occupation allemande, n'obéit pas aux lois des Nazis. Tous les Juifs danois, sans exception, survécurent et retrouvèrent leurs foyers intacts. Le peuple danois tout entier eut droit au titre de "Justes parmi les Gentils".

Die Alte konnte manchmal ganz besonders ekelhaft werden. Sie sagte einmal, daß unsere Eltern bestimmt umgekommen wären und wir daher für ewig bei ihr im Gebirge, mit den Ziegen, bleiben müßten. Wir sollten uns ab sofort an den Gedanken gewöhnen, daß sie alleine unsere Zukunft bestimmen würde. Aus Wut, Trauer und Verzweiflung waren wir nahe daran, sie mit der Mistgabel umzubringen. G.s.D. haben wir es nicht getan, obwohl wir eine solche giftige Bosheit nie vergessen, geschweige denn verzeihen konnten. Hier war wieder jemand, dem wir kein Vertrauen schenken konnten.

Gab es denn auf dieser großen, weiten Welt niemand, zu dem zwei einsame Kinder ohne Wenn und Aber, ohne Vorbehalte Vertrauen haben konnten?

Es gab damals ein einziges von den Deutschen besetztes Land und zwar Dänemark, wo die Befehle der Nazis nicht befolgt wurden; in diesem Ländchen überlebte jeder einzelne Jude und jeder fand sein Haus nach dem Krieg vollkommen unberührt. Das gesamte dänische Volk wurde als "Aufrechte unter den Heiden" ausgezeichnet.

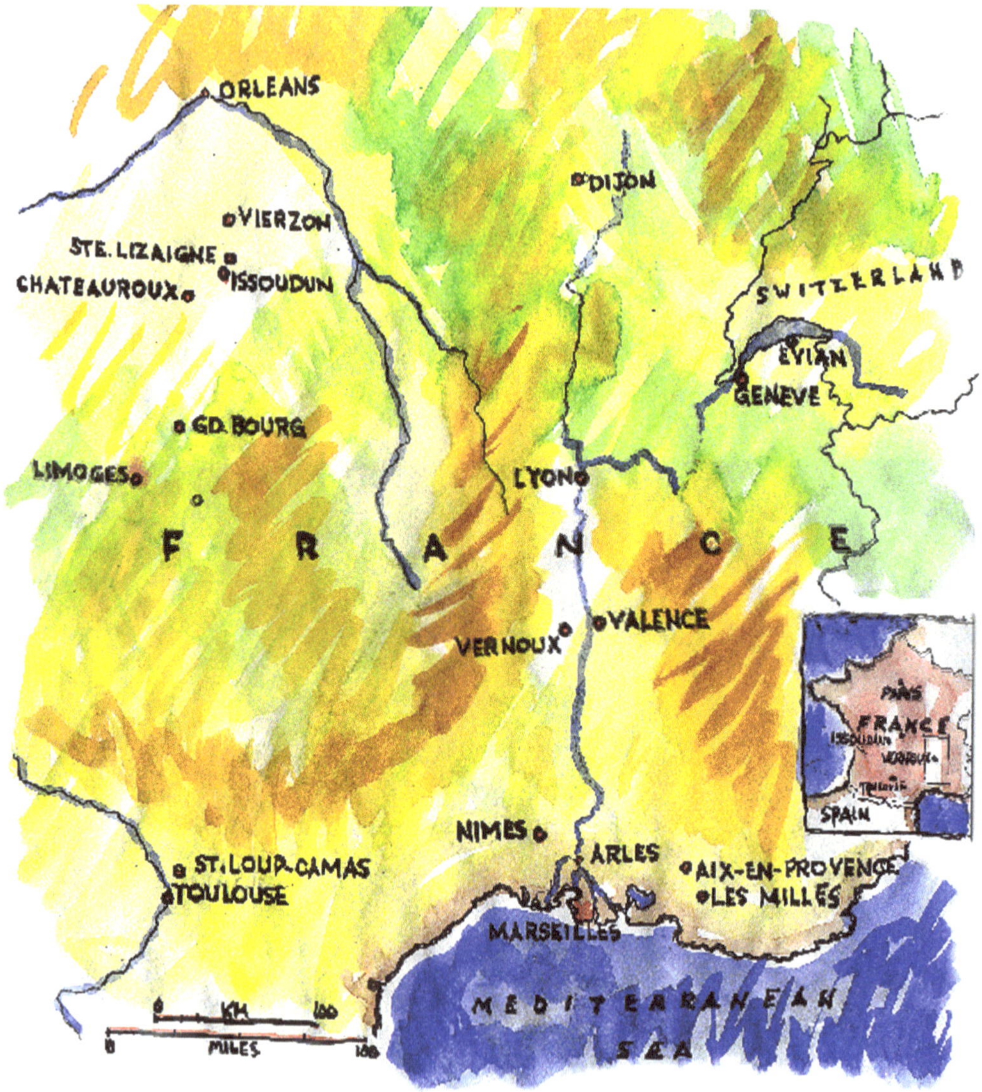

October 1944

The Cévennes range, where we were in hiding, was difficult to access for the occupying Germans and their minions—the French equivalent of the German Gestapo, the Vichy government's *Milice*, made up of the dregs of civil society—thugs doing the bidding of the occupying Germans. *Miliciens* would, without a doubt, have been just as zealous under Communists, had a leftist dictatorship been the repressive power in France.

The Cévennes, *un pays rude*—a rough place, had become an ideal refuge for hundreds of young Frenchmen attempting to avoid being shipped to Germany in order to serve the "Master Race" as forced laborers under a system known in France as STO, *Service du Travail Obligatoire*.

The hills about were full of armed Partisan groups, *maquisards*, and were divided into competing left-wing FTPF (*Francs-Tireurs Partisans Français*) and non-left wing A.S. (*Armée Secrète*).

Les Cévennes, notre refuge, sont un "pays rude"; ce fut l'un des lieux, avec le Vercors, de l'autre côté du Rhône, que les pourchassés, les patriotes et les réfractaires au STO, le Service du Travail Obligatoire en Allemagne, trouvèrent propre à servir de lieu sûr, face aux *raids* des occupants. Ceux-ci avaient l'appui de la Milice, un groupement paramilitaire créé par le gouvernement français d'alors et composée d'hommes de main français, le ramassis des bas-fonds pour faire, ou les aider à faire, leur basse besogne. Ces miliciens, des gens de peu, auraient tout aussi volontiers servi une autre force d'occupation, fut-elle celle du diable lui-même.

Les Cévennes, donc, pullulaient de groupes de partisans, de «maquisards», appelés également *Fifi*, pour Forces Françaises de l'Intérieur (FFI), et divisés politiquement en une majorité FTPF gauchisante (Francs-Tireurs Partisans Français) et une minorité AS (Armée Secrète), de droite.

Das Cévennen-Gebirge, ein *pays rude*, ein rauhes Land. Zusammen mit dem Vercors-Gebirge, auf dem anderen Ufer des Rhône-Flußes liegend, wurden die Cévennen ein riesiges Versteck für Verfolgte, für Patrioten und für Menschen, die der Zwangsarbeit zu entkommen suchten. Diese Letztgenannten waren junge Burschen, die nach Deutschland, als Zwangsarbeiter unter dem STO (*Service du Travail Obligatoire* —Zwangsarbeit), geschickt werden sollten.

Die deutschen Verfolger dieser in den Untergrund gegangenen Menschen wurden von einer französischen Gruppe, die aus Lumpen und Verrätern bestand, der Miliz, deren Mitglieder ganz besonders verhaßt waren—und auch heute noch sind, unterstützt. Dieses Lumpengesindel glich der früheren deutschen Sturmabteilung, der S.A., und hättc in anderen Zeiten genauso gerne und ohne große Überlegungen dem Teufel oder den Kommunisten gedient.

Unser Gebirge wurde eine Lieblingsgegend der Untergrundgruppen, der Partisanen, die sich selbst *Maquis* nannten. Es gab, je nach politischer Einstellung, zwei Hauptgruppen, politisch links die Majorität, FTPF (Französische Freischütze und Partisanen) und rechts die AS (Armée Secrète), Geheimes Heer.

In our Vernoux schoolyard, we witnessed the *maquisards*, known as *fifis*, for FFI, acronym for *Forces Françaises de l'Interieur* (French Forces of the Interior), interrogate a group of prisoners in German Army uniforms: one of the *maquisards*—probably a German-speaking Alsatian—translated. The interrogation consisted in having each prisoner pick up a sack of rocks and doing push-ups with this weight on his back, until the poor fellow collapsed from exhaustion. I wondered if our father had been subjected to such torture, during his time at Dachau. An expression I had recently learned in school came to mind, "the more things change, the more they remain the same". The guttural sounds of the language being yelled did seem to have a familiar ring; however, we did not understand one single word of our former mother-tongue. *Die Gebrüder Moritz*—the Moritz brothers—were no more; in their place, there were now *les frères Mauricet*, also known as "Ricet", real would-be French kids, learning all about "their ancestors the Gauls" and the fables of Jean de la Fontaine.

After the war, as it is only the victors who get to write History, many of these *maquisards* described themselves as heroic patriots, notwithstanding the fact that most were simply opportunists.

Une douzaine de pauvres bougres en uniformes allemands se rendirent, un jour, à nos maquisards à nous; ceux-ci les amenèrent dans le préau de notre école où un des maquisards—probablement un Alsacien—les interrogea en une langue gutturale. Un à un, ces pauvres bougres furent forcés, en une forme de torture, de faire l'exercice avec un grand sac de cailloux sur le dos. A les regarder faire, je me demandais si notre père avait été soumis à des sévices semblables, lors de son séjour au camp de Dachau.

A cette époque, mon instituteur—mon maître d'école—ce bon M. Gounod, m'avait déjà enseigné que "Plus ça change, plus c'est la même chose", une bien triste notion en ces circonstances. Cette langue gutturale-là avait bien un son plus ou moins familier, que je n'arrivais pas à placer—en fait, c'était la langue de Goethe et de Schiller, notre langue maternelle. Il ne faisait donc aucun doute que les petits Moritz n'étaient plus. A leur place, il y avait maintenant les frères Mauricet, dits "Ricet", des petits francophones qui connaissaient, par coeur, les fables du sieur Jean de La Fontaine et les poèmes de messire François Villon.

Les hostilités terminées et la guerre gagnée, certains réfractaires au STO se targuèrent avoir été des patriotes, et non des opportunistes, car ainsi que chacun sait, c'est le vainqueur, et non le vaincu, qui écrit l'Histoire.

Ein Dutzend Kerle in Wehrmachtsuniformen wurde einmal von den Unseren festgenommen und zu unserem Schulhof gebracht. Einer der Partisanen, wahrscheinlich ein deutsch-sprechender Elsässer, verhörte sie. Einer nach dem anderen mußte mit einem großen Sack Steine auf dem Rücken exerzieren. "Ob Vater auch so gequält wurde, als er in Dachau war?", dachte ich, "je mehr es sich ändert, desto gleicher bleibt es".

Die Brüllerei des Elsässers hörte sich wie etwas Bekanntes an. Ich erkannte nicht, was es war, nämlich die Sprache Goethes und Schillers, unsere frühere Muttersprache. Ohne Zweifel war jetzt festzustellen, daß es die Gebrüder Moritz nicht mehr gab. Stattdessen gab es jetzt die *frères Mauricet*, die sich mit den Werken von La Fontaine und Villon befaßten.

Nachdem der Krieg vorbei und gewonnen war, wurden die *maquisards* alle Patrioten von eigenen Gnaden, obwohl die meisten sich einfach versteckt hatten. Es ist ja bekannt, daß die Sieger und nicht die Verlierer nach jedem Konflikt die Geschichte schreiben.

In 1943, a system of rewards was instituted for the denunciation of Jews and those shirking forced labour, known as STO, in Germany; the bounty ranged from 100 francs for an STO-evader to 1,000 francs for a Jew at a time when a pound loaf of bread cost 1.50 frs with ration coupons and 9 frs on the black market. I learned from my schoolteacher, Monsieur Gounod, that there existed a bounty system for the denunciation of hidden Jews; he said he knew who I really was, and he would claim the bounty unless I did my homework. I'm sure he meant well, even if he had come up with a novel, if extreme, way of getting a kid to do his homework.

One night, a woman who looked like one of the nuns of the river episode, appeared at the house and both she, and the old hag, interrogated us mercilessly as to our true identity. They ranted and screamed in turn that they knew full well we were not who we said we were; we were going to be in big trouble, unless we told them the truth. We didn't cry, remained calm, but denied everything. Our father—may he still be alive—would, given his own quiet unassuming dignity, have been proud of his two beloved sons. The bounty huntress left in a huff, indicating that she was not through with us yet; she would return shortly, with some mean big men, who would know how to make nasty little boys talk. Our hag no doubt already had plans for her half of the bounty.

The rapid advance of the liberating Allied Forces put an end to this very close brush with certain death.

L'année 1943 vit l'instauration d'un système de primes pour cette chasse à l'homme; un réfractaire au STO rapportait 100 frs. et un Juif 1000 frs. à une époque où un kilo de pain valait 3,40 frs. avec tickets et 20 frs. au marché noir.

Mon maître d'école, Monsieur Gounod, m'apprit que des primes étaient payées à quiconque dénonçait des Juifs. Il savait qui j'étais, dit-il, et il aurait la prime si je ne faisais pas mes devoirs régulièrement. J'avais entière confiance en M. Gounod que j'adorais, même si cette méthode pédagogique était un tant soit-peu extrême. Une nuit, une autre vieille, qui ressemblait à une des nonnes de l'épisode de la rivière, se présenta à la fermette et se joignit à "notre" vieille pour nous interroger au sujet de notre vraie identité, car elles dirent savoir que *Mauricet* était un faux nom. Nous étions terrifiés mais, sans pleurer et en restant très calmes, nous ne nous sommes pas laissés démonter. Notre père, qu'il soit encore en vie, eût été fier de ses garçons adorés, lui dont la dignité et le calme étaient à toute épreuve.

En désespoir de cause, la simili nonne partit en jurant qu'elle reviendrait avec des grands messieurs qui sauraient, eux, faire causer des petits garçons bornés.

L'avance rapide des Forces Alliées de Libération mit fin à ce calvaire *in extremis*. Notre vieille, tout comme Pierrette et son pot à lait, vit sa moitié de prime s'envoler.

Ab 1943 gab es ein Finderlohnsystem; ein Zwangsarbeiter brachte 100 Frs. und ein Jude 1000 Frs., zu einer Zeit, als ein Pfund Brot offiziell 1,50 Frs. und am schwarzen Markt 9,00 Frs. kostete.

Es wurde mir durch meinen Lehrer, Monsieur Gounod, bekannt, daß es ein Finderlohnsystem geben würde für die Denunziation von versteckten Juden. Er traf mich im Wald mit meinen Ziegen und meinte: "Ich weiß, wer du bist; wenn du nicht deine Aufgaben regelmäßig machst, dann bekomme ich den Finderlohn". Herrn Gounod konnte ich bestimmt trauen, er meinte es sicher gut, nur war diese Art Erpressung ziemlich extrem. Eines Abends kam eine Frau ins Haus. Sie sah aus wie eine der Nonnen, die wir an dem Bach getroffen hatten. Sie und unsere eigene alte Hexe brüllten uns an und behaupteten, daß wir nicht *Mauricet* hießen. Wir haben nicht geweint und mit großer Ruhe nichts zugegeben. Unser Vater, ein Mann von zurückhaltender Art und Würde, wäre auf das Benehmen seiner geliebten Söhnen stolz gewesen. Endlich brüllte sie, dies wäre nicht das Ende; sie würde bald mit bösen Männern, die mit frechen Buben umzugehen wüßten, zurück kommen.

Die Alte hatte sich im Geiste bestimmt schon mit der Hälfte ihres Finderlohns ein neues Kleid ausgesucht. Kurz darauf war der Krieg in Südfrankreich zu Ende, und wir konnten wieder frei atmen.

The local Catholic priest, Father Riou, a good and kind man, no doubt knew of our origins and of the reason for our presence in these parts. He may have been instrumental in our becoming "quasi" Catholics and remaining unmolested.

Towards the end of the war, he was arrested for underground activities and deported to the infamous Dachau concentration camp in Germany. He survived his incarceration and, upon his return, a *Te Deum*—a Mass of thanks—was celebrated in "our" Vernoux church in the presence of all of the town's inhabitants. Shortly thereafter, the good Father Riou unfortunately died in a car accident.

(In 2001, Mrs. Sonia Perez, then one of the young OSE agents, confirmed that her first contact was the local priest.)

Le curé de Vernoux, un brave homme, le Père Riou, était probablement au courant de nos origines et des raisons qui nous avaient menés en ces lieux. C'est peut-être grâce à lui que nous sommes re-devenus "quasi" catholiques et qu'on nous laissa en paix.

Vers la fin de la guerre, on l'arrêta pour faits de Résistance et il fut déporté au camp de Dachau, en Allemagne. Il survécut à ce calvaire et, à son retour, le village tout entier célébra une Messe de grâces—un *Te Deum*—en son honneur. Malheureusement, quelques années plus tard, le bon Père Riou succomba lors d'un accident de la circulation.

(En 2001, Mme. Sonia Perez, de l'OSE d'alors, indiqua qu'elle prenait toujours contact, en premier lieu, avec le curé.)

Der katholische Pfarrer, der gute Père Riou, kannte bestimmt unsere Herkunft und wußte auch, weshalb wir uns in dieser Gegend aufhielten. Ihm hatten wir es wahrscheinlich zu verdanken, daß wir wieder "quasi" katholisch wurden und weiter ungestört auf unserem Bauernhof bleiben durften.

Gegen Kriegsende wurde er wegen Untergrundaktivitäten ins KZ Dachau eingesperrt. Er überlebte die Haftzeit und kehrte nach Kriegsende nach Hause zurück. Das ganze Dorf war in der Kirche versammelt, um zu seiner Ehre die *Te Deum*-Messe zu feiern. Leider kam der gute Vater Riou wenige Jahre später bei einem Autounfall ums Leben.

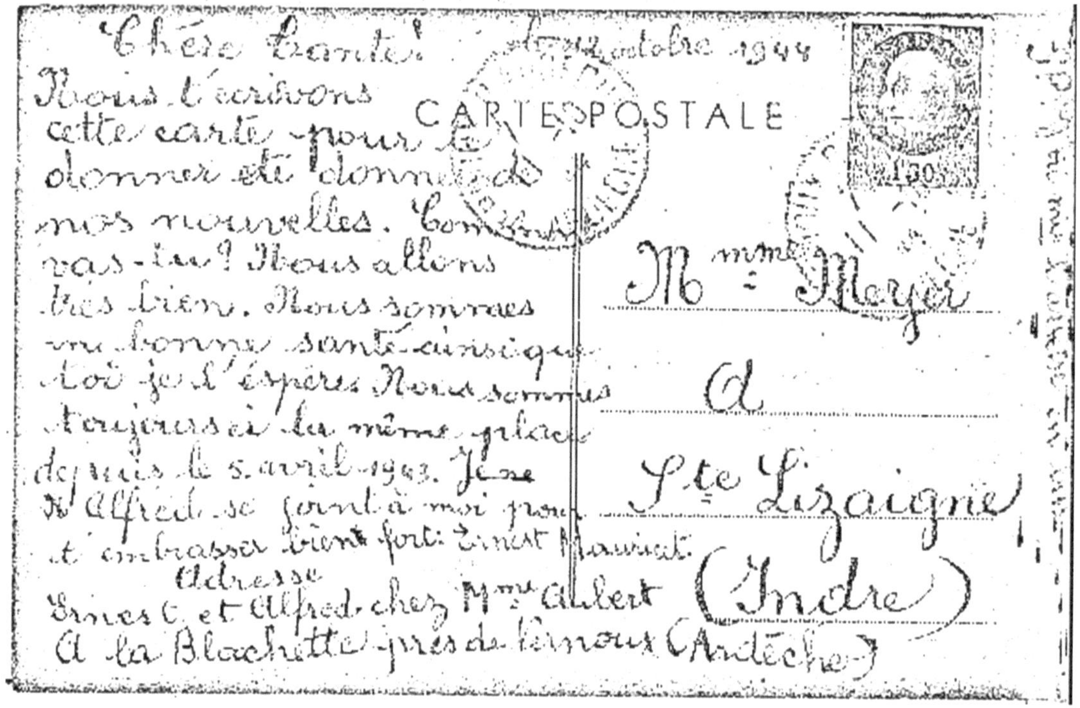
Chère tante! ... octobre 1944
Nous t'écrivons
cette carte pour te
donner été donner de
nos nouvelles. Comment
vas-tu? Nous allons
très bien. Nous sommes
en bonne santé ainsi que
toi je l'espère. Nous sommes
toujours à la même place
depuis le 5 avril 1943. Jesse
et Alfred se joint à moi pour
t'embrasser bien fort: Ernest Mauricet.
Adresse
Ernest et Alfred chez Mme Aubert
A la Blachette près de Vernoux (Ardèche)

CARTE POSTALE

Mme Meyer
à
Ste Lizaigne
(Indre)

The long-awaited day when it would again be possible to live in the open had arrived. For the first time, we openly mailed a postcard, directly through the Post Office, to our aunt Alma who, we hoped, had remained in our adoptive home town of Ste. Lizaigne.

Mme Meyer
à Ste Lizaigne (Indre)

Dear Aunt! October 12,1944

We write this card to you in order to let you have news from us. How are you? We are very well. We are in good health as we hope you also are. We are still at the same place since April 5,1943. Alfred joins me in sending you many strong hugs. (s) Ernest Mauricet

Address: Ernest & Alfred Mauricet
c/o Mme Aubert
near Vernoux (Ardèche)

Der langersehnte Tag, der Augenblick, an dem wir wieder frei atmen konnten, kam endlich. Zum allerersten Mal durften wir eine Postkarte direkt an unsere Tante in unserer neuen Heimat in Ste. Lizaigne schicken.

An Mme. Meyer
Ste. Lizaigne (Indre)
Vernoux 12 Oktober 1944

Liebe Tante!

Wir schreiben Dir diese Karte um Dir Nachrichten von uns zu geben. Wie geht es Dir? Uns geht es sehr gut. Wir sind gesund, was wir auch von Dir hoffen. Wir sind immer noch an der gleichen Stelle seit dem 5ten April 1943. Alfred schließt sich mir an, um Dich ganz fest zu umarmen.

Ernest Mauricet

Adresse: Ernest et Alfred Mauricet
chez Mme. Aubert
à La Blachette par Vernoux
(Ardèche)

Le moment que nous attendions tant arriva finalement, le moment où il sera de nouveau possible de vivre normalement, comme un chacun. Il nous fut donc possible, pour la première fois, d'envoyer une carte postale directement, nous-mêmes, depuis le bureau de Poste à notre tante Alma laquelle, nous espérions se trouvait encore en notre nouvelle patrie de Ste-Lizaigne.

Madame Sabatier of the OSE came regularly to the farm in order to check on us, pick up our mail and to pay our warder—the widow Aubert—as there was no altruism involved in the harboring of these children. Mrs. Sabatier worked with the *Réseau Garel* underground operatives dedicated to rescuing Jewish children from the tentacles of the Teutonic killing machine. Financial support provided by the "American Joint Distribution Committee", *The Joint*, was smuggled into France by trusted volunteers with the courage to cross the border with Switzerland, coming and going, at the risk of their own lives. One such "mule" was the wife of Dr. Elise Cogan of "Le Masgelier" as it was presumed that courageous and altruistic Mrs. Cogan, being a Christian, was possibly less exposed than a Jewish person might have been.

Coincident with our first direct letter to our loved ones, Mrs. Sabatier also addressed them a much awaited letter which no doubt reached them at the same time as our postcard; it seems, from its content, that our parents had not the slightest idea as to the whereabouts of their two boys.

Dear Madam, Valence October 13,1944

Today, via Rabbi Chili, I received with pleasure your letter from Issoudun. Herewith then is where your two boys are:

Mrs widow AUBERT "La Blachette"
near Vernoux-Ardéche

One gets there via either the right or the left bank of the river Rhône—on one bank it's the town of Valence and, on the other, it's the town of St. Péray from where the bus leaves for Vernoux. Once in Vernoux, it's a quarter of an hour walk to the farm where your big boys are.

I already wrote to you, dear Madam, as I had a mind to enroll the two children as interns in a Lycée, a secondary school. Please let me know, in case you should decide to go pick up your children, if you are in a position to ensure their education yourself or, if need be, contact the Service OSE, in the Indre Département.

I like these two children a whole lot, they are good kids and very good students. May I ask you to please come to my place, if you go pick up your children, or would you prefer that they be taken to the Indre area—in which case, I would have someone accompany them.

Looking forward to hearing from you, sincerely,
Mrs. Renée Sabatier, Social Worker
55 avenue Jean-Jaurés
Bourg-les-Valence (Drôme)

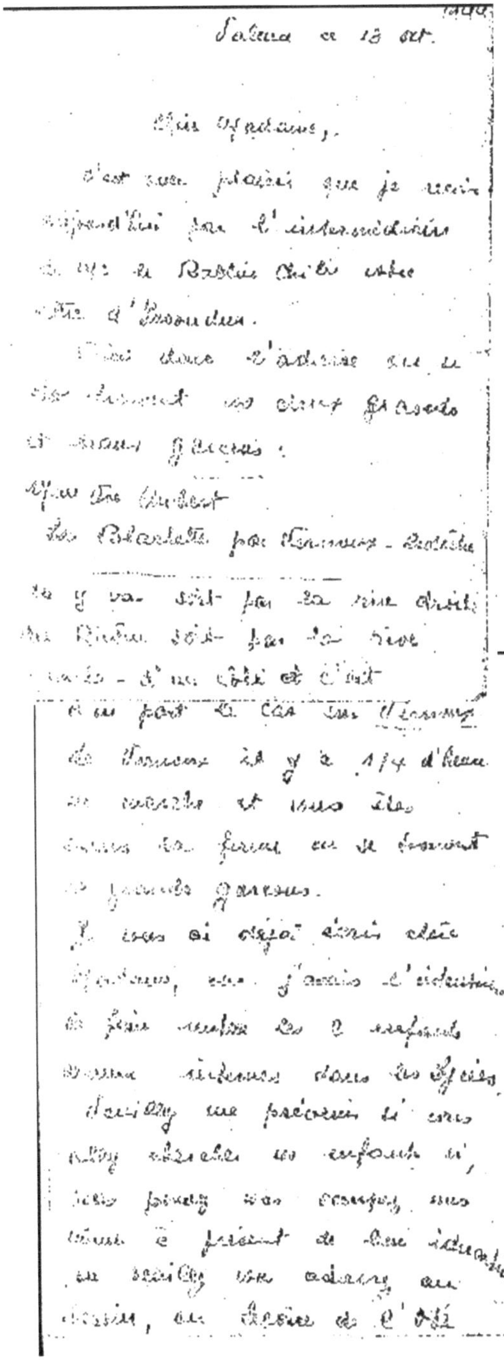

Mme. Sabatier de l'OSE venait régulièrement à la fermette afin de se rendre compte de notre bien-être, de se charger de notre courrier et, surtout, de payer notre mégère, la mère Aubert, car ces hébergements d'enfants n'avaient que rarement un élément d'altruisme et étaient simplement une affaire commerciale. Mme. Sabatier travaillait avec le "réseau Garel", un groupe de résistants qui se consacrait, avec l'OSE, au sauvetage d'enfants juifs. Étant donné qu'il ne leur était pas possible de remplir leurs missions sans ressources financières, ils avaient l'appui du *American Jewish Joint Distribution Committee*, le *JOINT*. Cet argent en espèces était transporté depuis la Suisse par d'altruistes bénévoles de confiance, dont l'épouse du bon Docteur Cogan que nous connaissions du Masgelier et laquelle, chrétienne, courrait peut-être moins de risque.

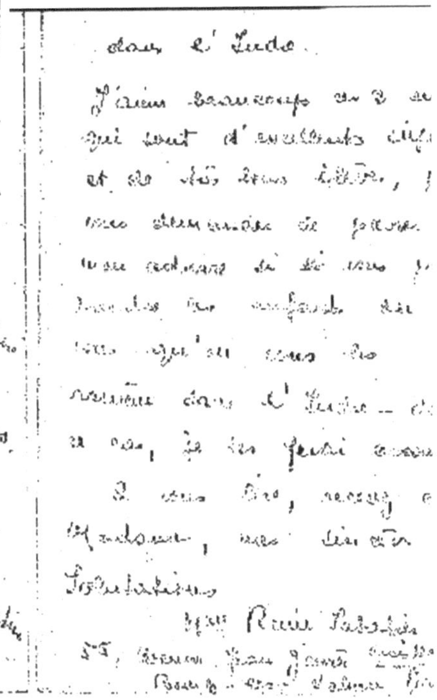

Mme. Sabatier écrivit une lettre tant espérée à nos parents lesquels, il semblerait d'après le contenu de cette missive, ne savaient pas où se trouvaient leurs deux enfants. Cette lettre leur parvint sans doute en même temps que la première carte postale que nous avions postée, pour la première fois nous-mêmes, à notre tante.

All the News That's Fit to Print

The New York Times.

LATE CITY EDITION

NEW YORK, THURSDAY, AUGUST 24, 1944 — THREE CENTS

PARIS IS FREED; RUMANIA QUITS; MARSEILLE AND GRENOBLE WON; GERMAN FLIGHT NEARS A ROUT

BREAK IN BALKANS

King Proclaims Nation's Surrender and Wish to Help Allies

NAZIS IN AREA FIGHT

New Bucharest Regime Asks United Nations Aid Against Hungary

President Tells Delegates 'Four of Us' Can Keep Peace

Staying Friends and Meeting Often May Mean Generations Without War, He Says—Washington Studies U. S. Plan

By JAMES B. RESTON

FRENCH TAKE PORT

Pockets of Resistance Are Being Cleared Up in Marseille

ARMY JUNCTION SEEN

American Dash Inland Said to Have Carried to

HAILING THE LIBERATION OF PARIS

PARISIANS ROUT FOE

50,000 FFI Troops With Civilians' Aid Battle Germans 4 Days

POLICE HELP REBELS

Turn Île de la Cité Into Fortress—Casualties

La libération de Paris.

« Parisiens, tous aux barricades », titrent le 22 août les journaux de la Résistance qui sortent de la clandestinité. On se bat âprement, en attendant les renforts du commandement allié. Le 24 au soir, la 2e D. B. fonce vers le cœur de la capitale. Son chef, le général Leclerc, reçoit le lendemain à la gare Montparnasse l'acte de reddition du gouverneur von Choltitz enjoignant aux soldats allemands de se constituer prisonniers. L'État peut dès lors réintégrer Paris : de Gaulle y arrive une heure plus tard. Le 26 août, de l'Arc de triomphe à Notre-Dame, une marée humaine acclame

giert Budapest

Sztójay Ungarn auf, ... Weg zur ... Nation zu ... Westen ... Horthy ...

... Hauptstadt. Horthy wird an die Abs... gestellt ... oder sein Sohn verliert das Leben. Der Admiral unterzeichnet seine Demission und wird in ein deutsches Lager verschleppt. Staatschef kann nun Ferenc Szálasi werden, der Führer der faschistischen Pfeilkreuzler-Bewegung, die sich auf die städtischen Unterschichten und das Kleinbürgertum gründet. Szálasi ist zu eigener Politik unfähig und dient der deutschen Besatzung als Handlanger. Regimegegner werden niedergemacht, die in Budapest lebenden Juden in einem schnell errichteten Ghetto zusammengepfercht. Selbst der Schein ungarischer Selbständigkeit ist dahin, während sich die Sowjetarmee zu Übersetzen auf Budapest und zum Übergang über die Donau vorbereitet.

US-Truppen in Aachen

21. Oktober. Nach erbitterten Kämpfen erobern amerikanische Soldaten das schwer zerstörte Aachen; damit ist erstmals in diesem Krieg eine deutsche Großstadt in den Händen der Alliierten. Die deutsche Propaganda verschweigt die baldige Rückeroberung der Stadt ... gebliebenen Einwohner nicht ablehnende Zurückhaltung gegenüber den Amerikanern zeigen, sondern sie als Befreier ansehen. Überhaupt ist im Rheinland die Tendenz festzustellen, sich lieber ... zu lassen, als zu fliehen. Heinrich Himmler droht, alle Deutschen, die

Die Dame, die wir als Madame Sabatier kannten, war, wie wir später erfuhren, ein Mitglied der Gruppe Garel, einer Untergrundgruppe, die sich zusammen mit der OSE der Rettung von jüdischen Kindern widmete. Weil die Unterkünfte, wie zum Beispiel unsere, bezahlt wurden, konnten diese Tätigkeiten von der amerikanischen *American Jewish Joint Distribution Committee (JOINT)* finanziell unterstützt werden.

Mit Datum vom 13ten Oktober 1944 schrieb Frau Sabatier an unsere Eltern wie folgt:

Gnädige Dame,

Mit Freude erhielt ich heute durch Herrn Rabbiner Chili Ihren Brief von Issoudun. Die Adresse, wo Ihre zwei prachtvollen Jungen sich befinden, lautet:

Mme Witwe Aubert, La Blachette par Vernoux (Ardèche).

Man kann entweder via rechtes oder linkes Rhoneufer dorthinkommen. Auf der einen Flußseite befindet sich Valence, auf der anderen St. Peray, von wo der Bus Richtung Vernoux abfährt. Von Vernoux aus ist es noch eine Viertelstunde, bis Sie an dem Gut, auf dem sich Ihre großen Söhne befinden, ankommen. Ich schrieb Ihnen schon, gnädige Frau, weil ich die Absicht hatte, die zwei Buben als Interne in einer Hochschule immatrikulieren zu lassen. Würden Sie so liebenswürdig sein, mir im Voraus zu melden, ob Sie selbst Ihre Kinder holen kommen und ob Sie selbst für ihre Ausbildung sorgen können. Wenn nicht, möchten Sie sich bitte an die OSE-Niederlassung in dem Département Indre wenden.

Ich mag diese zwei Kinder sehr, es sind feine Jungen und sehr gute Schüler. Würden Sie so gut sein und bei mir vorbeikommen, falls Sie die Kinder abholen, oder hätten Sie es lieber, daß man sie bis in die Indre bringt? In diesem Falle würde jemand sie begleiten.

Ich erwarte Ihre Antwort und verbleibehochachtungsvoll,

Mme. Renée Sabatier, Assistante Sociale,
55 avenue Jean Jaurès,
Bourg les Valence
Drôme

After a separation from our loved ones of over two years, we were very impatient to be reunited and could not understand what took our aunt so long to answer our postcard. After less than a week had gone by, we again went to the Vernoux Post Office with a follow-up message:

Vernoux October 18,1944

Dear Aunt,

How are you? I already wrote a letter to you but didn't get an answer.

Ernest Mauricet

Dear Aunt,

We are in good health both of us. Answer soonest.

Alfred Mauricet

Address herewith: Sender: E & A Mauricet c/o Mrs Aubert, La Blachette, near Vernoux (Ardèche)

Nach mehr als zwei Jahren der Trennung von unseren Eltern waren wir verständlicherweise sehr ungeduldig, bis wir endlich wieder vereint sein durften. Wir konnten deshalb nicht verstehen, weshalb wir auf unsere Karte nicht sofort eine Antwort bekamen. Kaum eine Woche darauf schrieben wir wieder an die Tante mit kurzen, eindringlichen Sätzen.

Vernoux den 18ten Oktober 1944

Liebe Tante,

Wie geht es Dir? Ich habe Dir schon einen Brief geschrieben, aber ich bekam die Antwort nicht.

Ernest Mauricet

Liebe Tante.

Wir sind beide gesund. Antworte sofort. Adresse oben.

Alfred Mauricet.

Exp: E & A. Mauricet, chez Mme Aubert, La Blachette, Vernoux (Ardèche)

Après une séparation de plus de deux ans, nous étions impatients de retrouver les nôtres et ne comprenions pas le délai à répondre de notre tante. Moins d'une semaine après l'envoi de notre première carte, nous lui écrivions de nouveau, avec urgence.

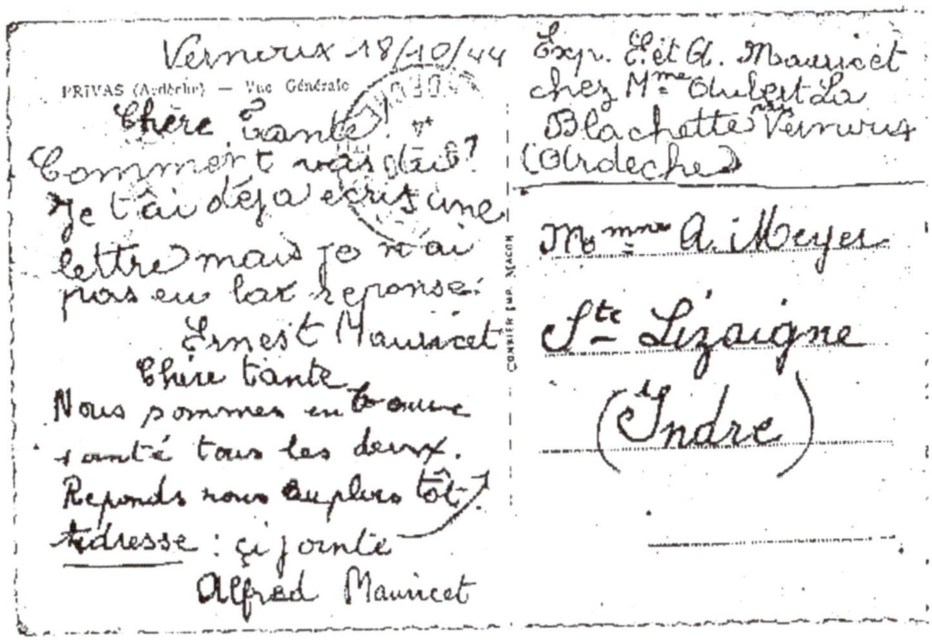

Vernoux 18/10/44

PRIVAS (Ardèche) — Vue Générale

Chère tante !
Comment vas tu ?
Je t'ai déjà écrit une
lettre mais je n'ai
pas eu la réponse.
Ernest Mauricet

Chère tante
Nous sommes en bonne
santé tous les deux.
Réponds nous au plus tôt.
Adresse : ci jointe
Alfred Mauricet

Exp. E et A. Mauricet
chez Mme Aubert La
Blachette Vernoux
(Ardèche)

Madame A. Meyer
Ste Lizaigne
(Indre)

October 1944

The boys finally heard from their parents and, understandably, could not have been more delighted. The mean widow Aubert's words were now proven to have been wrong, as the parents had survived in spite of it all!

Vernoux, October 22, 1944

Dear all,

Today I received your letter of the 12th with which we were delighted. We were very surprised in getting this letter. But now, we are waiting for the day when you will come and fetch us. We are in good health, we got taller and bigger. We're on a farm. We haven't moved ever since we left the Chateau du Masgelier. We are with a widow, kind of old. Here there are chestnuts and apples of which we eat a lot, which is what proves our good health.

Alfred took the exam for the Certificate on May 13, and passed. I took the exam for the D.E.P.P., the *Diplome*, on October 13, 1944 and passed. We did not hear your message as we have neither radio nor even electricity. Many regards to everybody. I close, waiting for the day you come and get us.

A THOUSAND BIG KISSES.

Ernest

We changed our name and took the name of MAURICET

Address: Ernest & Alfred Mauricet
c/o Mme Vve Aubert at "La Blachette"
near Vernoux (Ardéche)

Endlich kam Post von unseren Eltern. Selbstverständlich waren wir überglücklich. Die böse Witwe hatte sich geirrt, und unsere Eltern hatten doch überlebt.

Vernoux den 22ten Oktober 1944

Ihr Lieben alle!

Heute bekam ich Euren Brief vom 12ten, über den ich überglücklich war. Dieser Brief war eine große Überraschung. Aber jetzt warten wir auf den Tag, an dem Ihr uns abholt. Wir sind gesund, sind größer geworden. Wir befinden uns auf einem Bauernhof, seitdem wir das Schloß Masgelier verlassen hatten. Wir sind bei einer Witwe untergekommen, die ziemlich alt ist. Hier gibt es Kastanien und Äpfel, wovon wir viele essen, weswegen wir auch gesund sind. Alfred hat am 13ten Mai die Prüfung des Zertifikats bestanden. Ich habe am 13ten Oktober das Examen zum "Diplom" bestanden.

Eure Radiomeldung haben wir nicht gehört, weil wir weder Radio noch gar Elektrizität haben. Viele Grüße an alle. Ich schließe in Erwartung des Tages, an dem Ihr uns abholen kommt.

Tausend Küsse

ERNEST

Wir haben unseren Namen geändert und den Namen MAURICET angenommen.

Adresse: Ernest & Alfred Mauricet
c/o Mme Vve Aubert La Blachette
Vernoux (Ardèche)

Enfin, les garçons eurent des nouvelles des parents et, évidemment, ne pouvaient avoir été plus heureux. Ces méchantes paroles de la vieille, que nous ne pouvions oublier, s'avéraient mensongères car nos parents avaient survécu après tout!

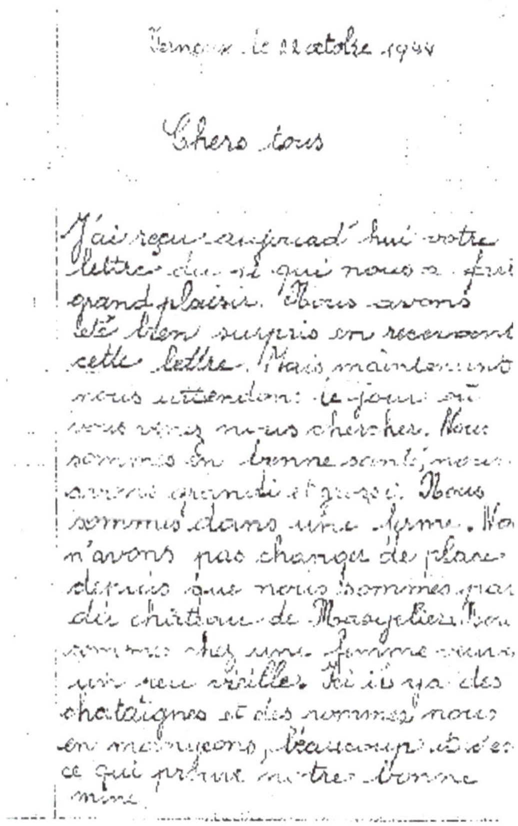
Vernoux le 22 octobre 1944

Chers tous

J'ai reçu aujourd'hui votre lettre du [illegible] qui nous a fait grand plaisir. Nous avons été bien surpris en recevant cette lettre. Mais maintenant nous attendons le jour où vous venez nous chercher. Nous sommes en bonne santé, nous avons grandi et grossi. Nous sommes dans une ferme. Nous n'avons pas changé de place depuis que nous sommes partis du château de Masgelier. Nous sommes chez une femme veuve un peu vieille. Ici il y a des chataignes et des pommes, nous en mangeons beaucoup et c'est ce qui prouve notre bonne mine.

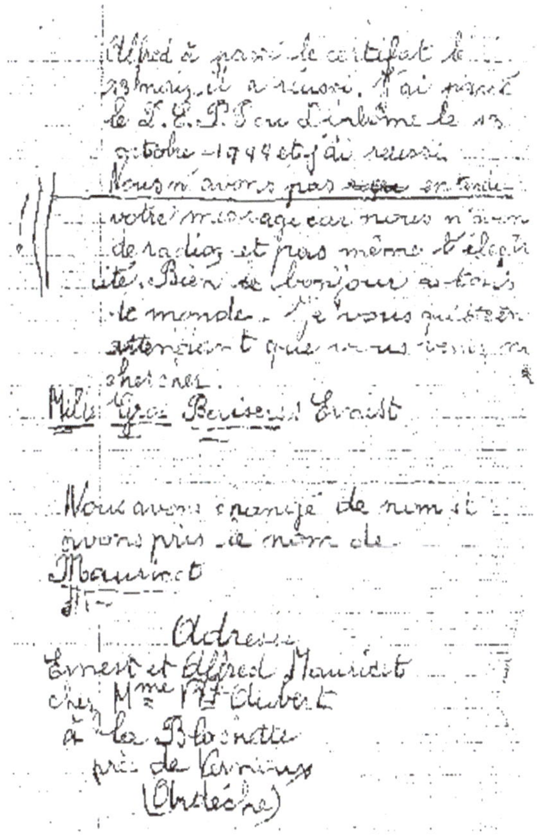
Alfred a passé le certificat le 23 mai, il a réussi. J'ai passé le D.E.P. ou Diplôme le 13 octobre 1944 et j'ai réussi. Nous n'avons pas entendu votre message car nous n'avons pas de radio et pas même d'électricité. Bien de bonjour à tout le monde. Je vous quitte en attendant que vous veniez nous chercher.

Mile Gros Baisers Ernest

Nous avons changé de nom et avons pris le nom de Mauricet

Adresse
Ernest et Alfred Mauricet
chez Mme [illegible]
à la Blachette
près de Vernoux
(Ardèche)

October 1944

To our disappointment, our parents did not travel half-way through France to pick us up. Well-meaning Madame Sabatier, of the OSE, entrusted us to a boy named Egon, of Austrian origin, who had been the goatherd at a nearby farm. A year earlier, aged 17, Egon had disappeared into the underground and Alfred took over Egon's goat-herding duties.

Egon accompanied us as far as the large city of Lyon, where he delivered us to a huge hall—a triage station for lost souls attempting to regain their bearings and to make contact with their loved ones.

A volunteer took pity on us, children amongst all these adults, and took us out for a walk through the old section of the city. The floor of the hall was strewn with old smelly mattresses on which people sat, slept, ate, prayed, made love, guarded their meager valuables, in short, spent most of their time awaiting a future. We stayed there long enough for our journey onward to be determined, no mean task given the chaos which reigned in this newly-freed country, attempting to reinvent and reorganize itself.

Maintenant que nos parents savaient où nous étions, nous étions sûrs qu'ils arriveraient sous peu pour la RÉUNION FAMILIALE DU SIÈCLE; il n'en fut rien, car ils n'avaient probablement pas de quoi acheter des billets de train. Toujours est-il que cette pauvre Madame Sabatier, notre protectrice de l'OSE, dépassée par les événements, envoya un jeune homme débrouillard de notre connaissance, Egon, nous prendre à "La Blachette", et nous escorter jusqu'à Lyon, où il nous laissa dans un centre de triage et d'hébergement.

Nous connaissions Egon, un jeune d'origine autrichienne, qui avait été chevrier à la ferme voisine jusqu'à ce que, à 17 ans, on l'acceptât chez les maquisards. Il connaissait donc parfaitement les lieux et n'eut aucune peine à nous trouver. Lorsque Egon avait disparu un beau jour , ce fut moi qui fût loué au fermier et gardait ses chèvres.

Le Centre de Lyon hébergeait une multitude de pauvres hères cherchant soit les leurs soit, pour certains, un havre quelque part. Des matelas couvraient le sol et servaient d'habitat à ces déracinés qui y gardaient ce qu'ils avaient, y couchaient, y mangeaient, y priaient, s'y étreignaient et y attendaient qu'on leur dise où aller. Nous y restâmes le temps pour les responsables de prendre contact avec les nôtres et organiser, autant que cela fût possible, vue la gabegie qui régnait à l'époque, la logistique de notre voyage. Une âme bénévole amena ces deux miséreux que nous étions, un beau jour, en promenade à pied de par la vieille ville de Lyon.

Unsere Eltern wußten jetzt, wo wir steckten. Wir waren überzeugt, daß sie uns, ihre geliebten Buben, bald abholen würden. Es wurde aber nichts daraus, vielleicht, weil sie nicht genügend Geld für die Zugbillette hatten. Immerhin schickte Madame Sabatier, unsere OSE-Wächterin, einen jungen Mann, unseren Freund Egon, die beiden Mauricet-Buben abzuholen und in der Großstadt Lyon in ein Lager einzuliefern.

Egon hatte früher die Ziegen bei Nachbarn gehütet und wußte dadurch ganz genau, wo wir uns befanden. Als er im Alter von 17 Jahren zur Résistance durfte, ist er verschwunden, und ich wurde dem Bauer verliehen, um Egons Ziegen zu hüten.

Der Herbergeplatz in Lyon war ganz von Menschen, die entweder ihre Angehörigen oder einen Wohnplatz suchten, überfüllt. Die Böden waren übersät mit Matratzen, auf denen die Leute tagelang saßen und ihre wenigen Habseligkeiten hüteten. Diese alten, stinkenden Matratzen waren das neueste Heim dieser Menschen, die praktisch alles verloren hatten. Dort wurde gegessen, gebetet, geschlafen, geliebt und auf eine bessere Zukunft gewartet. Wir blieben dort, bis der Logistikplan unserer Weiterreise, so gut es in diesen unorganisierten Zeiten ging, ausgearbeitet war. Einmal durften wir, in Begleitung einer Freiwilligen, den Herbergeplatz verlassen, spazieren gehen und den alten römischen Stadtteil von Lyon besichtigen.

While at the Lyon holding center, the logistics of our unaccompanied return trip, to our French home in Ste. Lizaigne, was arranged. War continued in the northern areas of France and throughout the Reich—*Großdeutschland*—although it was a given by this time that the days of German occupation of France were over. We were handed three rail tickets, from Lyon to Châteauroux, with instructions to keep an eye on a young fellow our age who was in a constant state of panic; recent events had no doubt affected him and he could not function on his own.

The fact that my brother and I had been together throughout these events had, without a doubt, helped us in coping with this life crisis.

Au Centre de Triage de Lyon, surpeuplé de réfugiés, on arrangea la logistique de notre voyage de retour, en direction de Châteauroux, dans l'Indre. La guerre continuait cependant dans le Nord de la France et en Allemagne, quoiqu'il fût certain maintenant que *Großdeutschland*, la Grande Allemagne du Troisième Reich, était une chose du passé.

On nous remit trois billets de train, en nous demandant d'escorter et de veiller sur un gosse de notre âge que ces années de trauma avaient un peu déboussolé. Le fait que nous étions toujours à deux, mon frère et moi, veillant l'un sur l'autre, nous avait certainement aidé à surmonter ces épreuves.

An der Ankerstation Lyon wurde unsere Weiterreise arrangiert, obwohl die Züge nur sporadisch fuhren. Man gab uns drei Zugbillette bis Châteauroux in der Indre. Man verlangte, daß wir einen Bub in unserem Alter mitnahmen und auf ihn aufpaßten, weil er noch nicht allein zurechtkommen würde.

In Châteauroux sollte er auch seine Eltern wiedertreffen. Die Tatsache, daß mein Bruder und ich ständig zusammen waren, hat uns bestimmt geholfen, unser Schicksal zu bewältigen. Der Krieg ging immer noch weiter in Nordfrankreich und im deutschen Heimatland, obwohl vorher bestimmt war, daß *Großdeutschland* bald ein Alptraum der Vergangenheit sein würde.

CHATEAUROUX (INDRE) November 1944

In Châteauroux we proceeded, as instructed, to the Waiting Room—empty except for a female attendant. We sat on a hard wooden bench for some time when, suddenly, two couples entered the room and began to scream, wave their arms and generally behave in a very undignified emotional manner; they were the parents of our nitwit ward. They took charge of him without so much as an acknowledgment or thanks.

In our two years alone "on the road", we had become self-sufficient, hardened and emotionally tough; for our part, we had learned, the hard way, to always keep our emotions in check and had no patience with such behavior.

Suivant les instructions reçues à Lyon, arrivés à Châteauroux, nous sommes allés nous asseoir dans la salle d'attente—vide à part la préposée à la buvette. Nous trois nous sommes assis sur un banc, attendant les événements. Soudain, deux couples entrèrent en criant, en agitant les bras et en faisant un raffut de tous les diables.

Ils s'avérèrent être les parents de notre compagnon de voyage. Ils s'en allèrent sans même nous dire "au revoir" ou "merci". En nos deux ans sur les chemins, nous avions appris à ne pas montrer nos émotions et nous n'avions que mépris pour ceux qui laissaient ainsi voir leurs sentiments à un chacun.

Auf eine Anordnung hin gingen wir in Châteauroux in den leeren Wartesaal, wo sich nur die Dame der Imbißtheke befand. Wir drei setzten uns auf die Holzbänke und warteten. Auf einmal kamen zwei paar Leute zur Tür herein, die herumbrüllten und einen Radau machten, wie wir es noch nie erlebt hatten. Es waren die Eltern und Großeltern des blöden Kerls, den wir begleiten mußten. Sie sind ohne Abschied oder Dank mit ihm aus dem Wartesaal heraus und weggegangen.

So etwas Grobes und Unbeherrschtes kannten wir nicht. Wir beide hatten durch unser Schicksal gelernt, nie unsere Gefühle zu zeigen. Solches Benehmen konnten wir nicht gutheißen.

After the departure of the noisy group whose emotional outbursts we had witnessed and scorned, a lone woman entered the Waiting Room and, emulating the previous group, proceeded to be equally emotional and loud. If possible, she was even more emotional and hysterical.

— WE THEN REALIZED THAT —
THIS PERSON WAS OUR MOTHER!

As we left the Waiting Room, she went over to the attendant.

"You see", she told her in her limited French, "I didn't come here for nothing all these days and nights. I told you that my children would return." We were to learn shortly that approximately 1.5 million children under the age of fifteen died during these murderous times, known as *Shoah* or the Holocaust.

Après que ce groupe bruyant soit sorti de la gare, une dame entra dans la salle d'attente et se mit à crier et à se démener tout comme ces gens qui venaient de prendre leur garçonnet. Il est possible qu'elle fît encore plus de bruit. Après un moment d'hésitation, nous la reconnûmes.

CETTE PERSONNE ÉTAIT NOTRE MÈRE.

En quittant la salle d'attente, notre mère alla vers la dame de la buvette et lui dit, aussi bien qu'elle pût avec son peu de français: "Vous voyez bien que je ne suis pas venue ici tous les jours pour rien. Je vous disais que mes garçons reviendraient".

Par la suite, il fut connu que plus d'un million et demi d'enfants furent tués lors de cette barbarie connue sous le nom de *Shoah* et de "Holocauste". Pour un temps, cela choqua le monde au point de le faire douter de son humanité.

Kurz nachdem diese lärmende Familie verschwunden war, kam eine Frau, die sich genauso laut benahm, in den Wartesaal. Sie brüllte auch und machte einen furchtbaren, fast hysterischen Radau. Dann erkannten wir sie:

DIESE DAME WAR UNSERE MUTTER.

Bevor wir drei den Warteraum verließen, ging Mutter herüber zu der Dame an der Imbißtheke und sagte in ihrem beschränkten Französisch: "Sehen Sie, ich habe doch nicht umsonst diese vielen Tage hier gewartet. Ich sagte ihnen ja, daß meine Kinder zurückkommen werden!"

Später haben wir erfahren, daß 1,5 Millionen Kinder unter 15 Jahren auf Grund dieser Menschenquälerei, die jetzt *Holocaust* oder *Schoah* genannt wird, umgekommen sind. Dieses schreckliche Geschehen hat den Glauben der Menschheit in ihre eigene Güte zerstört.

SAINTE LIZAIGNE (INDRE), FRANCE

Our adjustment to a normal and loving family life took several years. Initially we kept aloof of our parents and had difficulty with parental authority. Slowly, we managed to learn the German language anew, as it continued to be the only language in which our parents could communicate. Our teachers and French friends were delighted at our return and life slowly returned to normal.

Father, with his very limited French, had the courage to call on the Director of the Collège "Honoré de Balzac", in nearby Issoudun. Despite the years of schooling I had missed and the fact that the school year had already been underway for several months, he asked that I be admitted. As the professor of German, Mr. Joly, translated, Mr. Moreau listened patiently to this dignified gentleman who had come to plead that his beloved son be given the opportunity to acquire a secondary education, without which little in life is possible.

After a heartbeat of reflection, he had Mr. Joly answer, in perfect, very elegant, formal German: "Aber Herr Moritz", said he, "das ist doch eine Sache der Selbstverständlichkeit" ("But, Mr. Moritz, this is something that goes without saying.")

So, it was settled. Both Alfred and Ernest attended this secondary school for five years and ultimately obtained their University degrees in the United States.

Ernest and Alfred, 1945

Il nous fallut, à Ernest et à moi, plusieurs années de vie familiale avant que nous ne redevenions des jeunes gens à part entière. Tout de suite après notre retour, nous avions de la peine à nous plier à l'autorité paternelle. Petit à petit, notre ancienne langue maternelle, l'allemand, redevint familière, ce qui nous permit de communiquer avec nos parents.

Nos instituteurs et nos amis étaient ravis de nous avoir de nouveau parmi eux et la vie, petit à petit, redevint ce qu'elle avait été en ce paisible coin de paradis. Notre père, dont les connaissances du français étaient on ne peut plus limitées, eut le courage de prendre rendez-vous avec le directeur du Collège Honoré de Balzac à Issoudun. Il pria celui-ci de bien vouloir admettre son fils Alfred malgré les années perdues et le fait que l'année scolaire en était déjà à son troisième mois.

Monsieur Moreau—par l'intermédiaire de M. Joly, le professeur d'allemand—écouta ce monsieur très digne lui expliquer qu'il y allait, sans doute aucun, de l'avenir de son fils car, sans études secondaires, peu était possible dans la vie. Un ange passa et Monsieur Joly répondit, en parfait allemand et à la stupeur de Papa: "Aber, Herr Moritz", dit-il, "das ist doch eine Sache der Selbst-verständlichkeit." (Mais, monsieur Moritz, cela va sans dire.)

Ernest et moi avons suivi les cours au Collège pendant cinq ans avant de recevoir nos diplômes universitaires aux USA.

Unser Versuch, ein normales und liebevolles Familienleben zu führen, nahm mehrere Jahre in Anspruch. Anfangs wollten wir beide von jeder Autorität unabhängig bleiben, wie zuvor. Wir lernten, so gut es eben ging, wieder unsere frühere Muttersprache, denn sie blieb weiterhin die Familiensprache.

Unsere guten Schulfreunde in Ste. Lizaigne freuten sich mit uns, daß wir beide wieder in die "Heimat" zurückkehrten. Obwohl das Schuljahr schon längst angefangen hatte und Vater kaum Französisch sprach—er war damals bereits 60 Jahre alt, also in einem Alter, in dem es einem schwerfällt, eine neue Sprache zu lernen-, hatte er die Courage, zu dem Direktor des Gymnasiums in Issoudun zu gehen und ihn zu bitten, seinen Sohn Alfred, der mehrere Jahre Schulbildung verpaßt hatte, in diesem "Collège Honoré de Balzac" aufzunehmen.

Rektor Dr. Moreau hörte nachsichtsvoll dem Dollmetscher, Professor Joly, zu. Vater bat ihn inständig, seinem geliebten Sohn die Chance zu einer höheren Schulbildung, ohne die im Leben nicht viel möglich ist, doch zu gewähren.

Nach nur einem Herzschlag der Überlegung meinte der Herr Professor in deutscher Sprache: "Aber Herr Moritz, das ist doch eine Sache der Selbstverständlichkeit". Und so wurde es geregelt. Ernst und ich besuchten fünf Jahre lang dieses Collège und vollendeten später unsere Universitätsausbildung in Amerika.

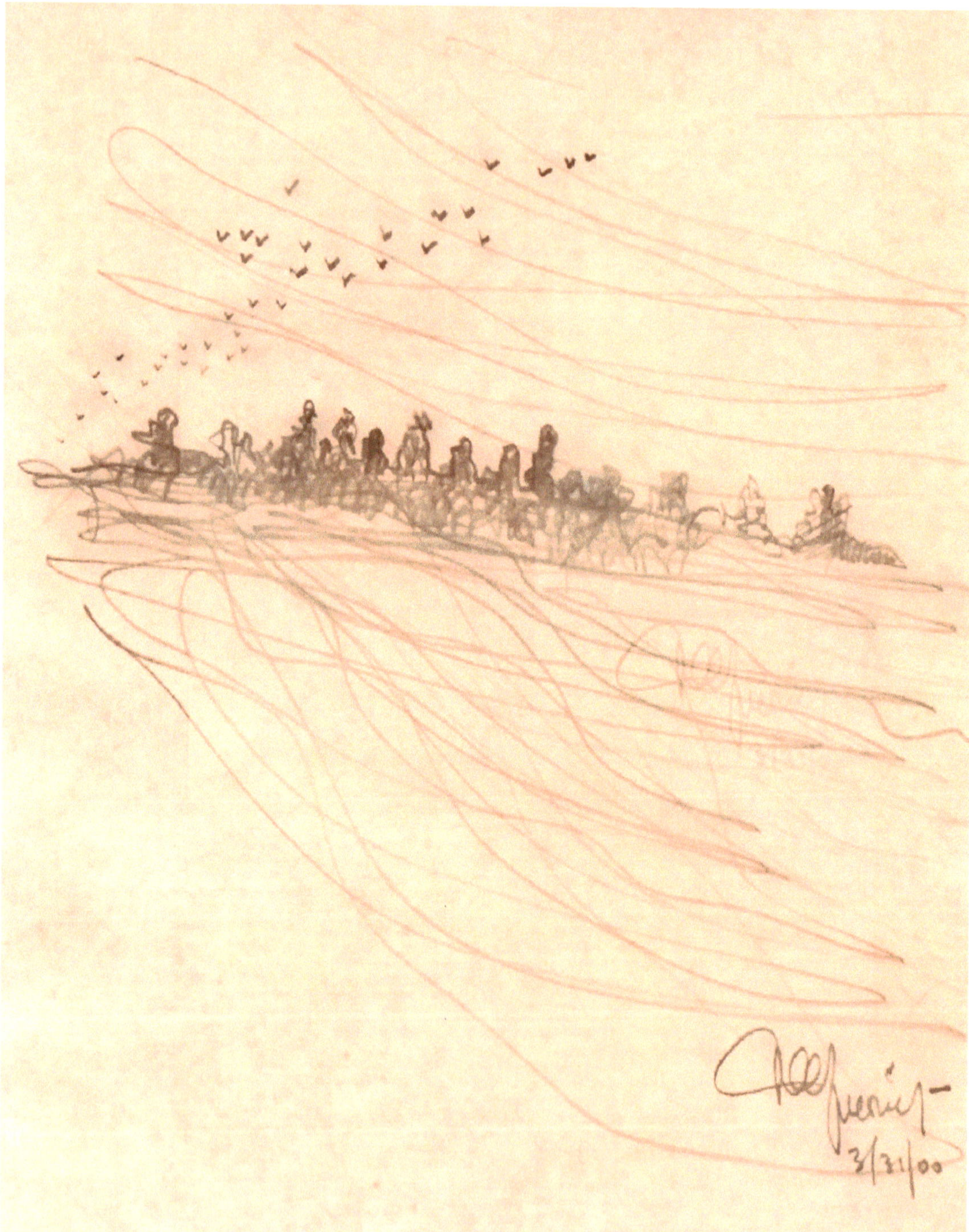
3/31/00

Epilogue

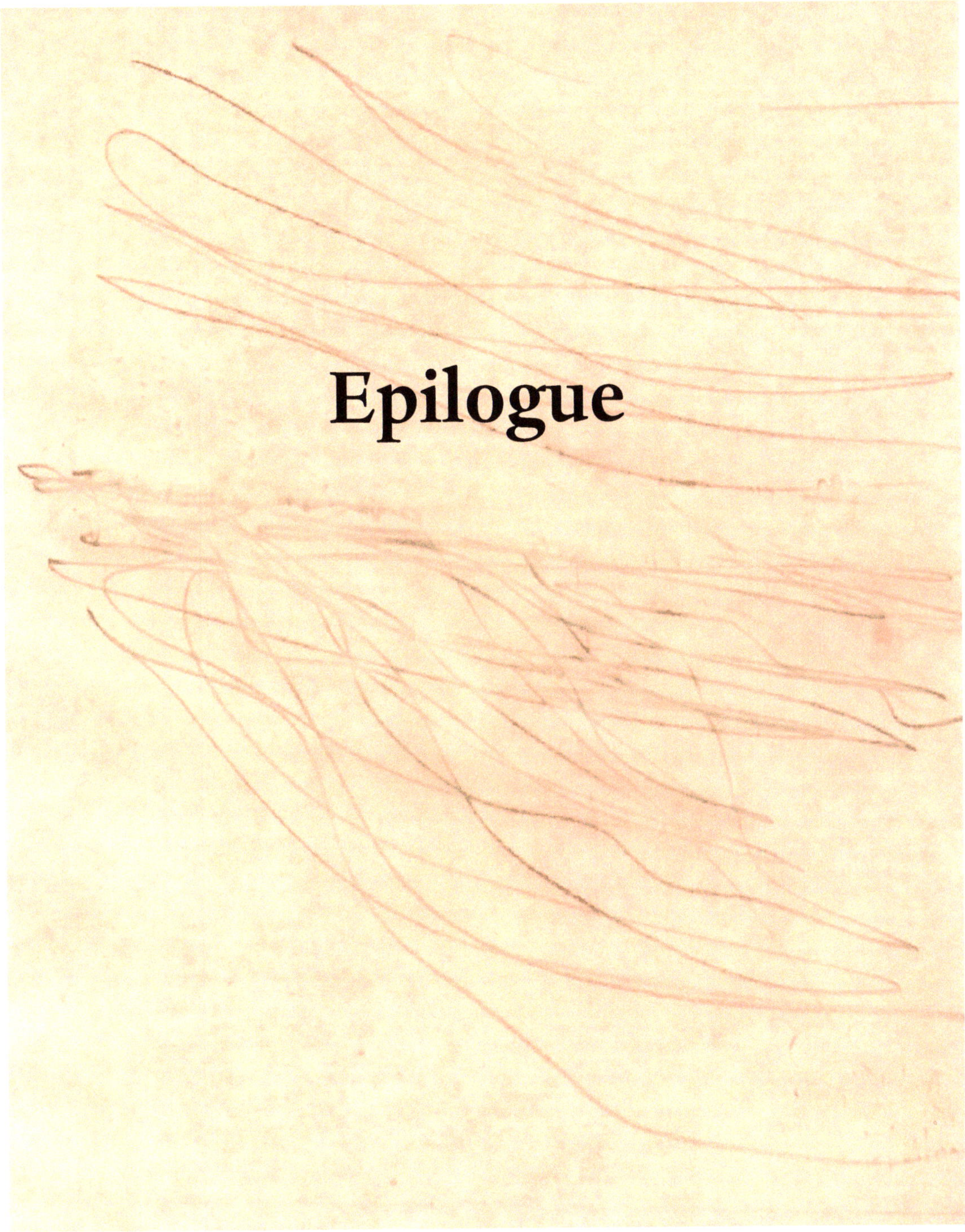

Fall 1942
Lac Léman, aka Lake Geneva, France

With their two sons in apparent safety, our parents had found their way to Evian, on the French side of Lake Geneva and paid a smuggler to guide them into Switzerland. Once in possession of the agreed-upon price, he indicated he would row them to the middle of the lake and leave them to continue into Switzerland; for his part, he would return to France in the boat they would have towed along.

They gave up the attempt, aware that entry into Switzerland was illegal for refugees such as they, that, at best, they might be caught and interned or, at worst, shot by border guards.

Sachant leurs deux fils en sureté avec l'OSE, nos parents se dirigèrent vers la Suisse et, au bord du Lac de Genève, à Evian trouvèrent un passeur qui, moyennant finances, voulut bien les amener vers l'autre rive. Une fois la somme convenue payée il y eut un "hic" en ce que ce monsieur avait l'intention de les abandonner au milieu du lac, d'où ils continueraient par leurs propres moyens.

Ils abandonnèrent cet essai, sachant que la frontière était fermée aux immigrants illégaux et qu'ils risquaient d'être soit internés soit de se trouver devant un garde-frontière armé.

Nachdem unsere Eltern uns Kinder bei der OSE in Sicherheit wußten, fuhren sie nach Evian, einem kleinen französische Badeort am südlichen Ufer des Genfer Sees, um von dort aus heimlich mit Hilfe eines Schmugglers in die sichere Schweiz zu gelangen. Nachdem sie ihn im voraus für seine Dienste bezahlt hatten, erklärte er kurzerhand, sie nur bis Mitte des Sees geleiten zu wollen, bis ans Schweizer Ufer müßten sie dann alleine weiterrudern.

Da meine Eltern aber wußten, daß der Eintritt in die Schweiz für Flüchtlinge verboten war und, falls man sie entdeckte, sie entweder interniert oder von Patrouillen beschossen würden, gaben sie ihr Vorhaben auf.

Autumn 1942 Saint Loup-Camas, France

Bearing false Duchy of Luxemburg papers in the new name of Claire and Louis MESCHLER, both supposedly born in Esch s/Alzette in Luxemburg, our parents found their way to an elegant insane asylum, the Clinique du Docteur Parant in Saint Loup-Camas, near St. Geniès-Bellevue, near Toulouse, in the South of France.

The several dozen inmates consisted of either paying guests hiding from the German occupiers or bona fide inmates from the upper strata of French society. It was understood that they were welcome for as long as their money lasted. To pass the time, father worked in the vegetable garden and mother was allowed to leave the institution and wander as far as nearby Saint Geniès where she befriended local families for whom she knitted in exchange for extra food and an occasional handful of pipe tobacco for our father.

Nos parents, en possession de faux papiers luxembourgeois aux noms de Claire et Louis Meschler et soi-disant originaires de Esch sur Alzette, trouvèrent refuge en un élégant asile d'aliénés dans la banlieue de Toulouse, la Clinique du Docteur Parant, à Saint Loup-Camas, près de St Geniès-Bellevue.

Les "internés" étaient pour la moitié des réfugiés cachés là et, pour le reste, de vrais aliénés ayant fait partie du Beau Monde français d'avant Guerre.

Il était entendu qu'ils y seraient les bienvenus aussi longtemps que leurs finances le permettraient. Notre père passait son temps au jardin potager et notre mère pouvait sortir du parc et aller jusqu'au hameau voisin de Saint-Geniès où elle s'était faite quelques clientes, pour lesquelles elle tricotait en échange de quelque nourriture et d'un peu de tabac pour la pipe de notre père.

Ausgestattet mit falschen Luxemburger Papieren, die sie als Claire und Louis MESCHLER aus Esch an der Alzette auswiesen, fanden unsere Eltern Unterkunft in der eleganten Irrenanstalt des Docteur Parant in Saint Loup-Camas bei Toulouse in Südfrankreich. Die Insassen waren entweder Verfolgte, die man dort versteckt hatte, oder wirkliche Nervenkranke aus der vornehmen Gesellschaft Frankreichs.

Unsere Eltern durften dort bleiben, so lange sie zahlen konnten. Papa hat im Garten gearbeitet und Mama hat gestrickt. Ab und zu durfte sie aus der Irrenanstalt heraus: So ging sie von Haus zu Haus bis zum benachbarten Dorf Saint Geniès und bot dort ihr Stricken gegen Lebensmittel und Pfeifentabak oder Zigaretten für Papa an.

October 1944

In the course of one of her tours, our mother crossed paths with a young German soldier, seemingly out for a walk. As he passed within earshot, she heard him mutter, in the pure Cologne dialect of her youth "the little lady is out black-marketing".

Mother related that she walked by as if she had not understood and thought to herself ". . . if that young fellow knew who I really am, that I understood every word and that he is absolutely right, he would no doubt be flabbergasted."

Au cours d'une de ses randonnées, Maman rencontra un soldat allemand. Arrivé à sa hauteur, il marmonna en pur dialecte de Cologne, celui que ma mère connaissait également, "... la petite dame est en train d'aller faire du marché noir ...".

Maman le dépassa, dit-elle, sans tourner la tête, pensant "... si celui-là se doutait ... il serait bien étonné."

Als Mama wieder einmal unterwegs war, begegnete sie zufällig einem spazierengehenden deutschen Soldaten.

Im Vorbeigehen bemerkte dieser auf Kölner *Platt*: "Madam'che jeht hamstere!?"

Mama ging einfach weiter und dachte "Wenn der wüßte!".

Our father recounted that, while hidden in the Insane Asylum, he spent a fair amount of time taking care of the vegetable garden; he would, from time to time, rest on a nearby bench, at the edge of the lovely park. One day, despondent because money to pay for their keep was running out and fearing they would soon be expelled, he sat on his favorite bench when another "inmate" sat down next to him and attempted to start a conversation, in French. Realizing that father did not understand, she tried German and found a willing interlocutor who said he was Mr. Meschler from Luxemburg. She said she, herself, stemmed from Strasbourg, in German-speaking Eastern France and, as fate would have it, knew the Grand Duchy well as she oftentimes had visited her very closest friend there, a lady by the name of Toni Wolf. Father, before he could catch himself, said: ". . . but that's my sister!", to which she replied (to father's consternation) "if Toni Wolf is your sister, how can you be Mr. Meschler, as I was at her wedding and know for a fact that her maiden name was Moritz."

The misunderstanding was soon clarified; this lady, a woman of means, had the incredible generosity of paying for our parents' keep until the end of their stay, in the Fall of 1944.

After the war, our parents scrimped and saved enough so that, in due course, they were able to repay their generous benefactor.

Des années plus tard et par bribes, Papa raconta un épisode crucial: se reposant de ses tâches de jardinier, il alla, un jour, s'asseoir sur un banc du parc, désespéré et se demandant comment ils allaient faire pour continuer à payer leurs pensions; il se voyait déjà à la rue, à la merci des "chasseurs de Juifs" lorsqu'une autre "folle" vint s'asseoir à côté de lui et entama une conversation en français, puis passa à l'allemand en se rendant compte de son incompréhension.

Elle dit être Alsacienne et, apprenant que son interlocuteur dit être luxembourgeois et se nommer Meschler, lui dit que sa toute meilleure amie, une Toni Wolf, était luxembourgeoise. Papa, sans réfléchir, répondit que Toni Wolf était sa soeur ce à quoi l'Alsacienne rétorqua: "si Toni Wolf est votre soeur, ainsi que vous le prétendez, comment se fait-il que vous vous nommez Meschler puisque je sais pertinemment qu'elle est une née Moritz."

Cette dame, apparemment fortunée et plus que généreuse, paya la pension à l'asile jusqu'à la fin de la guerre.

Par la suite, nos parents vécurent chichement afin de rembourser cette dette d'honneur au plus tôt.

Dies hat mein Vater mir erzählt: "Ich saß im Garten der Irrenanstalt und überlegte wie eure Mutter und ich im Asylum bleiben könnten: da uns allmählich das Geld ausging. Während ich so verzweifelt darüber nachdachte, gesellte sich eine Frau—auch angeblich verrückt—zu mir und sprach mich an. Weil ich kein französisch konnte, sprach sie auf deutsch und erzählte mir, daß sie aus dem Elsaß sei.

Ich stellte mich ihr als Herr Meschler aus Luxemburg vor, worauf sie erwiderte "Ach, meine beste Freundin ist Luxemburgerin—vielleicht kennen Sie Frau Toni Wolf?" Und so blöd wie ich war, antwortete ich damals: "Jawohl, kenne ich sie. Das ist meine Schwester." Darauf meinte die Frau: "Sie sagen, Sie heißen Meschler, aber Frau Wolf ist doch eine geborene Moritz."

Diese Dame, anscheinend wohlhabend, hat dann bis zum Ende des Krieges für uns den Aufenthalt in der Irrenanstalt bezahlt. Jahrelang haben Deine Mutter und ich dann später gearbeitet, um die Schulden abzutragen, und ab und zu ist Mama nach Straßburg gefahren, um das Geld zurückzuzahlen".

Sara Kaufmann née Baruch
Oberbieber 22.10.1859–Terezin Concentration Camp, 16.3.1944
Sara Kaufmann, geb. Baruch,
Oberbieber 22.10.1859 –KZ Theresienstadt 16.3.1944

Lazarus Kaufmann
[Reb.Eliezer ben Reb. Kalonymos]
Gindorf, July 9,1859–Gindorf 1910

The Last of the Elieser Kalonymos

The old Greek-Jewish name, Kalonymos, was borne by a family from Byzantium which, at the end of the tenth century, settled in Lucca (Italy) and thereafter moved to the Rhineland.

In 1770, a man of letters, Calman Lieffmann (Rabbi Elieser ben Rabbi Kalonymos), moved from Kassel to Gustdorf/ Gindorf near Cologne. He married the daughter of a Joseph Moses (born 1720) whose ancestors are recorded in the area as early as 1575.

In 1808, with Jews forced to take secular names, Elieser Kalonymos alias Lieffmann Calman became Philipp Kaufmann. He wed Sibilla Schönfeld, the former Beyle bath Yosef. Their son, Abraham (Lieffmann) Kaufmann (1793-1875) married Caroline Schönfeld (1803–1872); their son, my great-grandfather Moses Kaufmann (1828–1897) wed Regina Schönfeld (1834–1922).

The son of Moses and Regina was my mother's father, Reb. Elieser ben Reb. Kalonymos, known as Lazarus Kaufmann (1857–1910). A cigar-maker, he married Sara Baruch , born on Oct 22.1859 in Oberbieber near Neuwied to Abraham Baruch II and Klara née Moses. Grandmother Sara attended school in a 1720 wood-timbered schoolhouse which, as fate would have it, was declared "of historical interest" and relocated to the Bad-Sobernheim open-air museum, in the near vicinity of Becherbach.

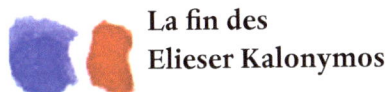

La fin des Elieser Kalonymos

Le nom judéo-grec de Kalonymos fut porté par une famille originaire de Byzance d'abord établie à Lucques, en Italie, au Xème Siècle, puis en Rhénanie. En 1770, un lettré, Calman Lieffmann (Rebbe Elieser ben Rebbe Kalonymos), vint de Kassel à Gustdorf/Gindorf aux environs de Cologne et y épousa la fille d'un Joseph Moses (né en 1720) dont les ancêtres habitaient ces lieux depuis 1575.

En 1808—les Juifs devant prendre des noms laïcs—Calman Lieffmann devint Philipp Kaufmann. Il épousa Sibilla Schönfeld, née Beyle bath Yosef.

Leur fils, Abraham (Lieffmann) Kaufmann (3.5.1793–1875) épousa Caroline Schönfeld (1803–1872); leur fils, mon arrière grand-père Moses Kaufmann (1828–1897) épousa une autre Schönfeld, Regina (1834–1922). Le fils de Moses et de Regina fut mon grand-père Lazarus Kaufmann (Reb. Elieser ben Reb. Kalonymos) (1857–1910). Grand-père Lazarus fut fabriquant de cigares et épousa Sara Baruch née à Oberbieber près de Neuwied le 22 Octobrc 1859.

Le hasard veut que l'école communale de Heddesdorf, érigée en torchis vers 1720 et où grand-mère Sara apprit son abc, se trouve maintenant dans un musée en plein air du côté de Becherbach, à Bad-Sobernheim.

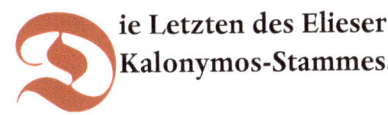

Die Letzten des Elieser Kalonymos-Stammes.

Kalonymos, ein uralter greco-jüdischer Name, gehörte zu einem Familiengeschlecht aus Byzanz, das sich im 10.Jahrhundert in Lucca (Italien) niederließ und später ins Rheinland übersiedelte. Im Jahr 1770 kam ein Gelehrter namens Calman Lieffmann bzw. Rebbe Elieser ben Rebbe Kalonymos von Kassel nach Gustdorf/Gindorf nahe von Köln. Er heiratete die Tochter eines Joseph Moses (1720–?), dessen Vorfahren schon um 1575 in dieser Gegend ansässig waren.

Im Jahr 1808, als die Juden neue nicht-hebräische Namen annehmen mußten, nannte sich Calman Lieffmann dann Philippe Kaufmann. Seine Frau Beyle bath Yosef gab sich den Namen Sibilla Schönfeld.

Der Sohn dieser Ehe, Abraham (Lieffmann) Kaufmann (1793–1875), nahm Caroline Schönfeld (1803–1872) zur Frau, von der er einen Sohn, meinen Urgroßvater Moses Kaufmann (1828–1897) bekam. Dieser vermählte sich wieder mit einer Schönfeld, mit meiner Urgroßmutter Regina (1834–1922). Moses und Reginas Sohn Lazarus Kaufmann (1857–1910) (Reb. Elieser ben Reb. Kalonymos) war mein Großvater, ein Zigarrenmacher. Er verehelichte sich mit Sara Baruch aus Oberbieber, in der Nähe von Neuwied/Heddesdorf. Großmutter Sara (22.10.1859 –16.3.1944) ging übrigens in Heddesdorf in einem 1720. gebauten Schulhaus zu Schule, das heute als Baudenkmal im Freilichtmuseum in Bad Sobernheim, ganz in der Nähe von Becherbach, steht.

Once the Nazis were in power, most of the members of our mother's family—the Kaufmanns of Gindorf near Cologne—were unable to leave Germany, having nowhere to go.

Our grandmother, Sara Baruch Kaufmann, widow of Lazarus (Eliezer Kalonymos), aged 85, was deported to what the Nazis called a "family camp", Terezin in Czechoslovakia; it was, in fact, a holding station for the Auschwitz-Birkenau extermination camp.

The *Muzeum Ghetta* in Terezin indicates that grandmother Sara Kaufmann died there on 3.16.1944 and that her body was cremated on 3.20.1944. Her unmarried daughter, our aunt Emma, aged 59, had been deported to Riga on 12.6.1941 and, of course, did not survive.

Oma's first grandson, Leo Baldeschwiler, aged 23, also did not survive.

Lorsque les persécutions commencèrent, la famille de notre mère n'avait pu, pour la plupart, quitter l'Allemagne, n'ayant où aller.

Grand-mère Sara Baruch Kaufmann, veuve de Lazarus (Elieser Kalonymos), de 85 ans, fut déportée à Terezin en Tchécoslovaquie dans un soi-disant "camp pour familles" qui était, en fait, un avant-poste du camp de la mort de Auschwitz-Birkenau.

Au *Muzeum Ghetta* de Terezin, on indiqua que grand-mère y mourut le 16.3.1944 et que son corps fut incinéré le 20 du même mois.

Notre tante Emma de 59 ans fut emmenée à Riga le 12 Juin 1941 et ne revint pas non plus.

Le premier petit-fils de Sara, notre cousin Leo Baldeschwiler, de 23 ans, disparut également.

Als der Naziterror anfing, fand die Familie unserer Mutter-die Kaufmanns aus Gustdorf-Gindorf keine Möglichkeit auszuwandern. Sie wußten nicht wohin.

Oma Sara Baruch Kaufmann, Witwe des Lazarus bezw. Reb. Elieser ben Reb.Kalonymos, wurde in Alter von 85 Jahren deportiert. Sie kam nach Terezin (Theresienstadt), in der Tschechoslowakei—angeblich ein Familienlager, in Wirklichkeit aber ein Vorlager für Auschwitz-Birkenau.

Das *Muzeum Ghetta* in Terezin gab an, daß Oma am 16. März 1944 starb und ihre Leiche am 20. des gleichen Monats "kremiert" wurde.

Omas Tochter, unsere liebe Tante Emma, wurde in Alter von 59 Jahren nach Riga deportiert und kam—selbstverständlich—auch nicht zurück.

Oma Saras erster Enkelsohn, unser Cousin Leo Baldeschwiler verschwand auch im blühenden Alter von 23 Jahren.

The firstborn son of Sara and Lazarus, my uncle Moritz Kaufmann (Kalonymos bar Elieser), his wife Henrietta nee Herz and their five children were, according to a German historian, the late Herr Dieter Corbach, deported to the East in mid-1942.

The family was on Deportation Train #Da 219 (Convoy VI) scheduled to depart from Cologne Messe-Deutz station at 6 A.M. on July 20,1942. in the direction of Minsk/Trostenez. This train took a group of 1046 "pure" Jews and 118 children under the age of 10 to the killing grounds of Maly-Trostenez, near the Minsk Getto. The count of children is very precise, in line with Teutonic thoroughness (*Gründlichkeit*) and generosity(!), as children only paid half the adult fare.

There is no doubt that neither the adults nor the children—Klara (16), the first-born son, 14 years old Leo Günter (Elieser bar Kalonymos), Manfred Max (10) and Hilde (9)—realized what awaited them "in the East". The name of 18-year-old Else (or Ilse) is also on the manifest.

Le fils aîné de Lazarus et de Sara Kaufmann, notre oncle Moritz Kaufmann, (Kalonymos bar Elieser) sa femme Henrietta née Herz et leurs cinq enfants furent déportés vers l'Est, d'après un historien allemand, feu Herr Dieter Corbach.

Les noms de tous les membres de la famille apparaissent sur les registres du train de déportés #Da 219 du Convoi VI du 20 Juillet 1942, départ prévu à 06:00 heures. Ce train emporta, vers les champs de la mort de Maly-Trostenez près du Ghetto de Minsk, un groupe de 1046 "juifs pure race" ainsi que 118 enfants de moins de 10 ans, comptés exactement étant donné que ceux-ci bénéficiaient—ô générosité teutonne—d'un rabais de 50 %.

Ni les adultes, ni encore moins les enfants, Klara de 16ans, Leo Günter, le fils ainé de 14 ans (Elieser bar Kalonymos), Manfred Max de 10 ans et Hilde de 9ans, ne se doutaient de ce qui les attendait "à l'Est". Le nom de l'aînée, Else (ou Ilse) de 18 ans, figure également sur la liste.

Saras und Lazaruses erstgeborener Sohn, unser Onkel Moritz Kaufmann (Kalonymos bar Elieser) seine Frau Henrietta geb. Herz und ihre fünf Kinder wurden laut Herrn Dieter Corbach, einem deutschen Historiker, Mitte des Jahres 1942 in Richtung Osten deportiert.

Die Namen der Familienmitglieder stehen auf der Passagierliste des Deportationszuges #Da 219 (Transport VI) vom 20. Juli 1942, Abfahrt um 6.00 Uhr morgens von Köln-Deutz aus.

In diesem Zug befanden sich 1046 "Volljuden" und 118 Kinder unter 10 Jahren. Das Alter der Kinder weiß man ganz genau weil—oh deutsche Gründlichkeit und Generosität!—diese Kinder nur den halben Fahrpreis bezahlen mußten.

Weder die Erwachsenen noch die Kinder—Klara 16 Jahre, der älteste Sohn Leo Günter 14 Jahre (Elieser bar Kalonymos), Manfred Max 10 und Hilde 9 Jahre alt—ahnten, was sie im Osten erwartete. Der Name der erstgeborenen Tochter, der 18jährigen Else (oder Ilse), steht auch auf der Passagierliste.

In order to be "relocated to a farming settlement in the East", the passengers were to bring three days' food and enough money to buy tickets at the Reich Travel Office, in the same manner any vacationing German might buy a ticket. The victims themselves paid for their transportation to their own torment—50RM per adult and half-fare per child under ten.

The train—a normal passenger train—pulled out of the Cologne station at 3 P.M.; after a journey of 84 hours, the passengers arrived in Minsk, after having been transferred to cattle cars in Wolkowzyk, in White Russia, formerly Poland; the train was scheduled to arrive at Minsk at 06:49 hrs. on July 24,1942 but arrived a few hours late, at twenty two minutes past ten in the morning.

The sealed wagons, with their human cargo, were sidetracked in the Russian July summer heat.

Étant donné que les passagers allaient soi-disant travailler dans les fermes des pays de l'Est, on leur demanda d'emporter des vivres pour trois jours et l'argent pour acheter leurs billets de train à l'Agence de Voyage du Reich, tout comme l'aurait fait un quelconque vacancier allemand.

Les victimes payèrent donc leurs transports vers les lieux de leurs tourments—la somme de 50RM par adulte—les enfants au dessous de dix ans bénéficiant—ô générosité teutonne—d'une remise de moitié.

Le train, un train normal de voyageurs, quitta la gare de Cologne à trois heures de l'après-midi; après un voyage de 84 heures, les voyageurs arrivèrent à Minsk après qu'on les ait transbordés dans des wagons à bestiaux à Wolkowzyk, en Russie Blanche, anciennement en Pologne. Le train était censé entrer en gare de Minsk à six heures quarante neuf du matin le 24 Juillet 1942 mais arriva en fait avec quelques heures de retard, à exactement dix heures vingt deux minutes du matin.

On rangea les wagons verrouillés sur une voie de garage, dans la canicule étouffante d'un été russe.

Es wurde den Passagieren gesagt, daß sie "im Osten" arbeiten würden. Für die dreitägige Reise sollten sie genug Essen und auch das Geld für die Fahrkarten mitbringen. Die Fahrkarten—50RM für Erwachsene und—oh deutsche Generosität!—halber Preis für Kinder unter zehn Jahren—mußte man beim Reichsreisebüro kaufen, genau wie jeder Deutsche, der in Urlaub fahren wollte.

Der Zug ab Köln-Deutz—ein gewöhnlicher Personenzug.-ging um drei Uhr nachmittags ab. Nach 84 Stunden trafen die Reisenden, nachdem man sie in Wolkowzyk, in Weißrussland (früher Polen), in einen Güterwagen umgeladen hatte, in der Nähe von Minsk an.

Der Zug sollte eigentlich morgens um sechs Uhr neunundvierzig am Bahnhof Minsk ankommen, aber da er Verspätung hatte, traf er vormittags um zehn Uhr zweiundzwanzig ein.

Der versiegelte Güterzug wurde auf einem Seitengleis in der unerträglichen schwülen Hitze des russischen Sommers abgestellt.

In the meantime, from July 21 to 23, the SS had a large pit dug in the forest near Blagovshchina, near the SS estate and concentration camp of Trostenez, south-east of the Minsk Ghetto.

The passengers were unloaded, taken to the edge of the pits, made to relinquish their valuables and, after undressing, shot by Lithuanians under German SS supervision; they fell or were thrown into the pits.

However, the poor victims found no rest.

A year and a half after these barbarities, starting in the fall of 1943, the Germans had the mass graves opened, the corpses removed and burned on huge pyres—in order, presumably, to erase all evidence of the horrible crimes.

This operation, involving about 150 000 corpses, took close to two months—from October 27 to December 15, 1943.

The ashes were spread in the surrounding fields as fertilizer.

Pendant ce temps, du 21 au 23 Juillet, les SS avaient fait creuser une énorme fosse en forêt près de Blagowshtchina, à proximité de la propriété SS et du camp de concentration de Trostenez, au sud-est du ghetto de Minsk. On déchargea les passagers, les amena au bord de la fosse, leur enleva leurs avoirs et, après les avoir fait se déshabiller, donna l'ordre aux Lituaniens de service, sous les ordres de SS, de les fusiller tous. Ainsi fut fait et ils tombèrent ou furent jetés dans la fosse.

Toutefois, les pauvres ne trouvèrent pas le repos pour autant.

Un an et demi après ces événements barbares, en automne 1943, les Allemands firent déblayer les fosses communes, en firent sortir les cadavres et brûlèrent ceux-ci en une sorte d'autodafé—afin de, probablement, effacer toute trace de leurs crimes.

Cet autodafé, d'à peu près 150 000 cadavres, prit presque deux mois, du 27 Octobre jusqu'au 15 Décembre 1943.

On distribua les cendres alentour, comme engrais.

In der Zwischenzeit, vom 21. bis zum 23. Juli, hatte die SS eine gewaltige Grube in einem Wald in der Nähe von Blagowschtschina und dem KZ Trostenez bei Minsk ausheben lassen. Die Passagiere wurden abgeladen und zum Rand der Grube gejagt. Dann wurde ihnen befohlen, sich auszuziehen, wobei ihre Wertsachen beschlagnahmt wurden. Litauer erhielten von der deutschen SS den Befehl, alle zu erschießen. Die Menschen fielen in die Grube oder wurden hineingeworfen.

Diese armseligen Menschen fanden aber sogar im Tode keine Ruhe. Eineinhalb Jahre nach diesem Geschehen, in Herbst 1943, wurden die Massengräber wieder geöffnet, die Leichen herausgezerrt und auf riesigen Scheiterhaufen verbrannt, wohl um den guten Ruf der Deutschen zu schönen.

Dieses Vorgehen—es handelte sich um ungefähr 150 000 Leichen—nahm fast acht Wochen, die Zeit vom 27. Oktober bis zum 15. Dezember 1943, in Anspruch.

Die Asche wurde als Düngemittel auf den nebenliegenden Feldern ausgestreut.

The physical work was performed by 45 Russian prisoners whose ultimate fate is related by Herr Dieter Corbach*:

"... afterward, the SS Otto Goldapp held a friendly speech for the 45 workers and said good-bye to each individual with a handshake. He told them they would now leave for Minsk and could take a shower there.

Each was given a bar of soap and towel.

They boarded waiting trucks, not suspecting these were rigged up to spew exhaust fumes into the passenger section. After a quarter of an hour of desperate struggle, everything was quiet. A detail of six to eight prisoners dragged the bodies out of the trucks and threw them on the pyre.

Then they had to lie down and, in turn, were shot by the ethnic-German policemen.

These in turn burned down the last pyre, and afterwards left for two weeks of home leave" ... in order to celebrate Christmas with their families.

*Quoted from *6.00 Uhr ab Messe Köln-Deutz Deportationen 1938–1945*
Dieter Corbach, SCRIBA VERLAG, 1999,

Ces tâches furent confiées à 45 prisonniers de guerre russes dont l'ultime sort est décrit par le menu par Herr Dieter Corbach:

". . . ensuite, le SS Otto Goldapp s'adressa en termes amicaux aux 45 travailleurs et serra la main de chacun d'eux. Il leur dit qu'ils pouvaient maintenant partir pour Minsk et s'y doucher.

Chacun d'eux reçut un morceau de savon et une serviette.

Ils montèrent dans des camions—ne se doutant pas que ceux-ci étaient en fait des chambres à gaz mobiles.

Après un quart d'heure d'un boucan de tous les diables, tout redevint tranquille.

Une demi-douzaine de prisonniers retirèrent les nouveaux cadavres de leurs anciens camarades et les jetèrent sur le brasier. Ensuite on les fit s'allonger par terre et des policiers d'ethnie allemande les achevèrent.

Ces derniers brûlèrent ce qui restait de corps et, ayant reçu deux semaines de permission de Noël, s'en allèrent chez eux, parmi les leurs, dans leurs foyers"... afin, sans doute, d'y fêter la naissance de leur Messie.

Die schreckliche Arbeit mußten russische Kriegsgefangene erledigen. Ihr späteres Schicksal wurde von Herrn Dieter Corbach beschrieben:

". . . der SS Otto Goldapp sprach in freundlichem Ton den 45 russischen Kriegsgefangenen zu und drückte jedem zum Abschied die Hand. Er sagte, sie dürften jetzt nach Minsk zurückkehren und sich dort duschen.

So erhielt jeder ein Stück Seife und ein Handtuch als Abschiedsgeschenk. Danach stiegen sie in Lastwagen ein, ohne zu ahnen, daß diese Fahrzeuge in Wirklichkeit motorisierte Gaskammern waren.

Nach einer Viertelstunde fürchterlichen Lärms wurde alles wieder ruhig und still.

Sechs oder acht Kriegsgefangene zogen die Kadaver ihrer Kameraden aus den Wagen heraus und warfen sie auf den brennenden Scheiterhaufen. Sie mußten sich dann auf den Boden legen und wurden von deutschen Polizisten erschossen.

Diese warteten, bis alle Kadaver verbrannt waren, um danach für zwei Wochen in den Weihnachtsurlaub nach Hause zu fahren" . . . und mit ihren Familien die Geburt ihres Messias zu feiern.

Flowers from the [illegible]
Terezin, 1995

In Terezin there flows the river Ohře

With the war almost lost, the Germans decided that it was best for their post-war image to dispose of all ashes kept in a columbarium nearby.

It proved too cumbersome to bury this enormous quantity; the ashes were thus thrown into the river Ohře.

In memory of our grandmother Kaufmann and our aunt, uncles and six cousins—the last of the Elieser Kalonymos—who never returned "from the East", I picked these daisies on the banks of the river Ohře, near Terezin, in Czechoslovakia.

La rivière Ohře traverse Terezin

La guerre presque perdue, les Allemands décidèrent qu'il était préférable, pour leur image d'après-guerre, de faire disparaître l'amoncellement de cendres gardées jusqu'alors dans un columbarium.

La quantité de cendres s'avéra trop importante pour être enfouie et l'on jeta simplement le tout dans la rivière.

C'est à la mémoire de notre grand-mère Sara Kaufmann, de nos oncles, tantes et nos six cousins—les derniers des Elieser Kalonymos—qui, tous, ne revinrent pas de l'Est, que j'ai cueilli ces pâquerettes sur les berges de la rivière Ohře . . . laquelle continue à couler, paisiblement, aux abords de Terezin, en Tchécoslovaquie.

Die Ohře fließt durch Terezin

Als der Krieg für die Deutschen so gut wie verloren war, wurde bestimmt, daß die enorme Menge an Asche, die sich im örtliche Columbarium befand, entfernt werden sollte, um die Spuren der Abscheulichkeiten zu beseitigen.

Die Menge war aber überwältigend, und so wurde die Asche der Verstorbenen und Ermordeten einfach in den Fluß Ohře (Eger) geworfen.

Im Andenken an unsere Oma Sara Kaufmann, an unsere Onkels, Tanten und sechs Cousins—die letzten aus dem Stamme des Elieser Kalonymos—die alle nicht aus den Vernichtungslagern im Osten zurückkehrten, habe ich diese Blümchen am Ufer des Flusses Ohře in der Nähe von Terezin, in der Tschechoslowakei, gepflückt.

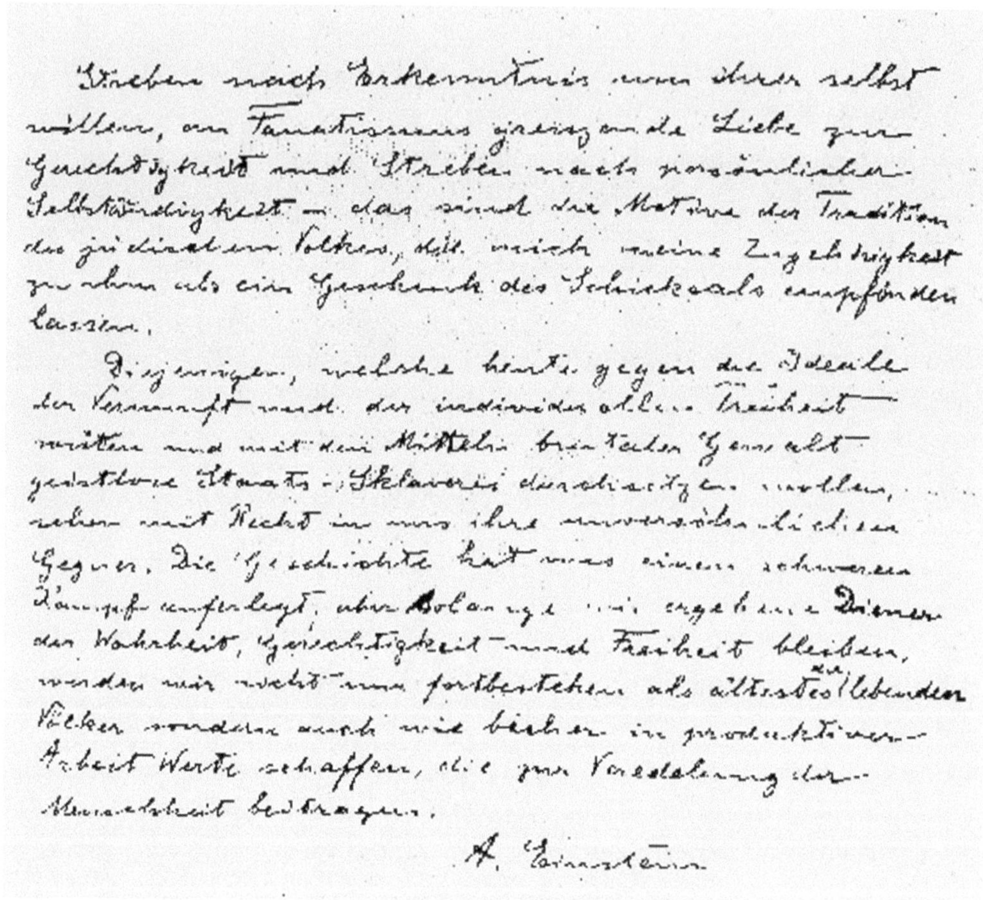

Streben nach Erkenntnis um ihrer selbst willen, an Fanatismus grenzende Liebe zur Gerechtigkeit und Streben nach persönlicher Selbständigkeit — das sind die Motive der Tradition des jüdischen Volkes, die mich meine Zugehörigkeit zu ihm als ein Geschenk des Schicksals empfinden lassen.

Diejenigen, welche heute gegen die Ideale der Vernunft und der individuellen Freiheit wüten und mit den Mitteln brutaler Gewalt geistlose Staats-Sklaverei durchsetzen wollen, sehen mit Recht in uns ihre unversöhnlichen Gegner. Die Geschichte hat uns einen schweren Kampf auferlegt, aber solange wir ergebene Diener der Wahrheit, Gerechtigkeit und Freiheit bleiben, werden wir nicht nur fortbestehen als ältestes der lebenden Völker sondern auch wie bisher in produktiver Arbeit Werte schaffen, die zur Veredelung der Menschheit beitragen.

A. Einstein

From "A Declaration" by A. Einstein

Jewish problems—Jewish ideals.

A thirst for knowledge for its own sake, a love of justice bordering on fanaticism and a need for personal independence,—those are the constants in the traditions of the Jewish people which make my belonging to it a gift of destiny.

Those who, today, go about ranting contrary to the ideals of reason and individual liberty and seek, by brute force, to impose mindless state-slavery, rightly see us as unforgiving foes.

History has burdened us with a difficult struggle. But, as long as we remain true servants of truth, of justice and of liberty, we shall continue to exist as a people—the most ancient of all—and to continue to create through productive work, as we have heretofore, values for the betterment of mankind”.

By Albert Einstein

[*My view of the world*, Amsterdam 1934]

La soif de connaissances, l’amour de la justice jusqu’au fanatisme et le besoin d’indépendance personnelle—des constantes dans la tradition juive, qui font que je considère mon appartenance à ce peuple comme un don du destin.

Ceux qui, aujourd’hui, se déchaînent contre les idéaux de la raison et de la liberté individuelle et qui, par la brutalité et la violence, veulent imposer un esclavage d’État, voient en nous, à juste titre, d’irréductibles adversaires. L’histoire nous a imposé un rude combat, mais aussi longtemps que nous resterons de dévoués serviteurs de la vérité, de la justice et de la liberté, nous continuerons non seulement d’exister en tant que peuple—le plus ancien encore vivant—mais aussi de créer, par un travail productif, des valeurs qui contribueront à rendre meilleure l’humanité.

A. Einstein

Streben nach Erkenntnis um ihrer selbst willen, an Fanatismus grenzende Liebe zur Gerechtigkeit und Streben nach persönlicher Selbständigkeit—das sind die Motive der Tradition des jüdischen Volkes, die mich meine Zugehörigkeit zu ihm als ein Geschenk des Schicksals empfinden lassen.

Diejenigen, die heute gegen die Ideale der Vernunft und der individuellen Freiheit wüten und mit den Mitteln brutaler Gewalt die geistlose Staatssklaverei durchsetzen wollen, sehen mit Recht in uns ihre unversöhnlichen Gegner. Die Geschichte hat uns einen schweren Kampf auferlegt. Aber solange wir ergebene Diener der Wahrheit, Gerechtigkeit und Freiheit bleiben, werden wir nicht nur fortbestehen als eines der ältesten lebenden Kulturvölker, sondern auch wie bisher in produktiver Arbeit Werte schaffen, die zur Veredelung der Menschheit beitragen.

A. Einstein

Ernest and Alfred—the brothers Moritz, a.k.a. Mauricet, sixty years later.

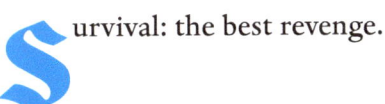

Survival: the best revenge.

La revanche: survivre.

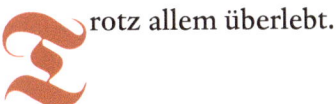

Trotz allem überlebt.

www.ingramcontent.com/pod-product-compliance
Lightning Source LLC
Chambersburg PA
CBHW040910020526
44116CB00026B/18
* 9 7 8 1 8 4 8 6 1 0 7 7 4 *